O PODER DA CONSCIÊNCIA

O PODER DA CONSCIÊNCIA

Respostas para os maiores desafios da vida

DEEPAK CHOPRA

Tradução
CARLOS SZLAK

Rio de Janeiro, 2019

O Poder da Consciência
Copyright © 2019 da Starlin Alta Editora e Consultoria Eireli. ISBN: 978-85-508-1380-6

Translated from original Spiritual Solutions. Copyright © 2012 by Deepak Chopra. ISBN 978-0-3077-1917-1. This translati is published and sold by permission of the original publisher, Harmony Books, an imprint of Random House, a division of Peng Random House LLC, the owner of all rights to publish and sell the same. PORTUGUESE language edition published by Star Alta Editora e Consultoria Eireli, Copyright © 2019 by Starlin Alta Editora e Consultoria Eireli.

Todos os direitos estão reservados e protegidos por Lei. Nenhuma parte deste livro, sem autorização prévia por escrito editora, poderá ser reproduzida ou transmitida. A violação dos Direitos Autorais é crime estabelecido na Lei nº 9.610/9 com punição de acordo com o artigo 184 do Código Penal.

A editora não se responsabiliza pelo conteúdo da obra, formulada exclusivamente pelo(s) autor(es).

Marcas Registradas: Todos os termos mencionados e reconhecidos como Marca Registrada e/ou Comercial são de resp sabilidade de seus proprietários. A editora informa não estar associada a nenhum produto e/ou fornecedor apresentado livro.

Publique seu livro com a Alta Books. Para mais informações envie um e-mail para autoria@altabooks.com.br

Obra disponível para venda corporativa e/ou personalizada. Para mais informações, fale com projetos@altabooks.com

Direção editorial: Pascoal Soto

Editora executiva: Tainã Bispo

Editor assistente: Daniel Lameira

Assistente editorial: Renata Alves

Tradução: Carlos Szlak

Tradução: Carlos Szlak

Preparação de texto: Alexandra Fonseca

Revisão: Rinaldo Milesi e Paula Jacobini

Diagramação: HeyBro/Priscila Zenari

Capa: Luis Alegre

Produção Editorial: Casa da Palavra Produção Editorial LTDA - CNPJ: 01.609.506/0001-65

Erratas e arquivos de apoio: No site da editora relatamos, com a devida correção, qualquer erro encontrado em noss livros, bem como disponibilizamos arquivos de apoio se aplicáveis à obra em questão.
Acesse o site www.altabooks.com.br e procure pelo título do livro desejado para ter acesso às erratas, aos arquivos apoio e/ou a outros conteúdos aplicáveis à obra.

Suporte Técnico: A obra é comercializada na forma em que está, sem direito a suporte técnico ou orientação pessoa exclusiva ao leitor.

A editora não se responsabiliza pela manutenção, atualização e idioma dos sites referidos pelos autores nesta obra.

Dados Internacionais de Catalogação na Publicação (CIP) de acordo com ISBD

C549p	Chopra, Deepak
	O Poder da Consciência: Respostas para os maiores desafios da vida / Deepak Chopra ; traduzido por Carlos Szlak. - Rio de Janeiro : Alta Books, 2019. 168 p. ; 14,8cm x 21,8cm.
	Tradução de: Spiritual Solutions ISBN: 978-85-508-1380-6
	1. Autoajuda. 2. Consciência. 3. Vida. I. Szlak, Carlos. II. Título.
2018-2045	CDD 158.1 CDU 159.947

Elaborado por Vagner Rodolfo da Silva - CRB-8/9410

Rua Viúva Cláudio, 291 — Bairro Industrial do Jacaré
CEP: 20.970-031 — Rio de Janeiro (RJ)
Tels.: (21) 3278-8069 / 3278-8419
www.altabooks.com.br — altabooks@altabooks.com.br
www.facebook.com/altabooks — www.instagram.com/altabooks

*Para as mãos que alcançam,
e para todas as mãos que se afastam.*

SUMÁRIO

Uma nota pessoal *9*

Parte I – O que é uma solução espiritual? *11*

Parte II – Os maiores desafios da vida *27*

        Relacionamentos *27*

        Saúde e bem-estar *35*

        Sucesso *44*

        Desenvolvimento pessoal *57*

Parte III – Prezado Deepak: frente a frente *71*

Parte IV – Criando as próprias soluções *139*

Agradecimentos *165*

Uma nota pessoal

Desde meus primeiros dias como médico, isso há quarenta anos, as pessoas me pedem respostas. O que elas queriam era um tratamento médico, mas o apoio e o conforto trazidos pelo contato humano também eram importantes, talvez até mais. A menos que o médico esteja completamente desiludido, ele se vê como um salvador rude, mas eficaz, livrando as vítimas do perigo e deixando-as com uma sensação de segurança e bem-estar.

Agradeço por todos os meus anos de contato com pacientes, pois aprendi a diferença entre conselhos e soluções. Pouquíssimas vezes os conselhos ajudam as pessoas que estão com problemas. As crises não esperam; algo muito ruim acontecerá se a solução correta não for encontrada.

Mantive essa mesma atitude ao escrever este livro, cuja ideia começou com pessoas me escrevendo sobre seus problemas. As cartas chegavam de todas as partes do mundo; a certa altura, eu respondia diária ou semanalmente a perguntas vindas da Índia, dos Estados Unidos e de muitos outros locais, a maioria pela internet. No entanto, de certa forma, todos escreviam de um mesmo lugar dentro deles: onde a confusão e a escuridão lhes havia oprimido. Essas pessoas se sentiam feridas, traídas, maltratadas, incompreendidas, enfermas, preocupadas, apreensivas e, às vezes, desesperadas.

Infelizmente, essa é a condição humana, quase de modo permanente, para algumas pessoas, mas é sempre possível, em um dado momento, que tais sentimentos atinjam pessoas que estão felizes e contentes.

Eu queria dar respostas duradouras, para que quando o "dado momento" chegasse, quando a crise surgisse e um desafio tivesse de ser enfrentado, soluções sólidas estivessem à mão. Denomino essas respostas "soluções espirituais", mas isso não quer dizer soluções religiosas, orações ou entregar a vida nas mãos de Deus. Em vez disso, visualizo uma espiritualidade secular: a única maneira pela qual as pessoas modernas se reconectarão com suas almas – ou, eliminando todas as insinuações religiosas, seus "verdadeiros eus".

Como uma crise o afetou? Independentemente da situação, você retrocedeu, se contraiu e ficou refém da ansiedade. Esse estado de contração da consciência impossibilita encontrar uma solução. As soluções reais para uma crise vêm da consciência expandida. A sensação deixa de ser de aperto e medo. Os limites cedem; ideias novas têm espaço para se desenvolver. Se você for capaz de entrar em contato com seu verdadeiro eu, a consciência não tem limites. Desse lugar, as soluções emergem de forma espontânea, e funcionam. Com frequência, funcionam como mágica, e os obstáculos que pareciam imutáveis se dissolvem. Quando isso acontece, a carga de ansiedade e aflição é removida por completo. O propósito da vida nunca foi ser uma luta, mas expandir-se, a partir de sua fonte, em pura consciência. Se este livro deixar apenas uma impressão duradoura, espero que seja essa.

Deepak Chopra

PARTE I
O que é uma solução espiritual?

Ninguém discordará do fato de que a vida acarreta desafios. Mas pare por um momento e se faça a pergunta mais profunda: por quê? Por que a vida é tão difícil? Independentemente das vantagens de origem que uma pessoa possa ter – dinheiro, inteligência, personalidade fascinante, aparência radiante ou as conexões sociais certas –, nenhuma delas fornece uma solução mágica para uma existência fácil. De alguma forma a vida consegue provocar problemas difíceis: a causa de sofrimentos imensuráveis e de conflitos. A maneira como você enfrenta seus desafios faz toda a diferença entre o potencial de sucesso e o espectro do fracasso. Há um motivo para isso ou a vida é apenas uma série aleatória de eventos que nos mantêm desestabilizados e muito pouco capazes de lidar com eles?

A espiritualidade começa com uma resposta decisiva a essa pergunta. Ela diz que a vida não é aleatória. Há um padrão e um objetivo em cada existência. O motivo pelo qual o desafio surge é simples: torná-lo mais consciente do seu objetivo interior.

Se a resposta espiritual for verdadeira, deverá haver uma solução espiritual para cada problema – e haverá. A resposta não está situada no nível do problema, ainda que a maioria das pessoas concentre todas as suas energias nesse nível. A solução espiritual se situa mais além. Quando você consegue levar sua consciência para fora do lugar onde o conflito é constante, duas coisas acontecem ao mesmo tempo: a consciência se expande e, com isso, novas respostas começam a aparecer. Com a expansão da consciência, eventos que parecem aleatórios na verdade não o são: um objetivo maior está tentando se desenvolver através de você. Ao tornar-se consciente desse objetivo – que é único para cada pessoa –, você se sente como um arquiteto que entregou um projeto: em vez de assentar tijolos e instalar canos ao acaso, ele pode agora prosseguir com a confiança de saber qual será a aparência da edificação e como construí-la.

Nesse processo, o primeiro passo é identificar em que nível de consciência você está trabalhando. Toda vez que um desafio atravessar seu caminho, quer se trate de relacionamentos, trabalho, mudanças pessoais ou uma crise que exige ação, há três níveis de consciência. Assim, conscientize-se deles e você dará um grande passo para encontrar uma resposta melhor.

Nível 1: Contração da consciência

Esse é o nível do problema, portanto chama sua atenção de imediato. Algo deu errado. As expectativas azedaram. Você enfrenta obstáculos que não querem se mover. Com o aumento da resistência, sua situação não melhora. Se analisar o nível do problema, os seguintes elementos, em geral, estão presentes:

- Seus desejos são contrariados. Algo que você quer está encontrando oposição.
- Você sente como se cada passo à frente fosse uma batalha.
- Você continua fazendo em maior quantidade o que nunca funcionou desde o início.
- Há uma ansiedade subjacente e um medo de fracassar.
- Sua mente não está clara. Há confusão e conflito interior.
- Com o aumento da frustração, sua energia se esgota. E você se sente cada vez mais exausto.

Você pode constatar que está imobilizado no nível da contração da consciência por meio de um teste simples: quanto mais você se esforça para se livrar de um problema, mais é aprisionado por ele.

Nível 2: Expansão da consciência

Esse é o nível no qual as soluções começam a aparecer. Sua visão se estende além do conflito, dando-lhe mais clareza. Para a maioria das pessoas, esse nível não é imediatamente acessível, pois a primeira reação delas diante de uma crise é contrair-se. Ficam na defensiva, cautelosas e com medo. Mas se você permitir a expansão, perceberá que os seguintes elementos invadem sua consciência:

- A necessidade de brigar começa a diminuir.
- Você começa a relaxar.
- Mais pessoas se conectam a você. E você permite que elas lhe estimulem.
- Você aborda as decisões com confiança.
- Você encara o medo de modo realista, e ele começa a diminuir.
- Com a visão mais clara, você deixa de se sentir confuso e conflitante.

Você pode constatar que alcançou esse nível de consciência quando não se sentir mais imobilizado: um processo começou. Com maior expansão, forças até então despercebidas vêm em seu auxílio. E você avança de acordo com o que deseja da vida.

Nível 3: Consciência pura

Esse é o nível no qual não existe nenhum problema. Cada desafio é uma oportunidade criativa. Você se sente alinhado por completo com as forças da natureza. O que possibilita isso é que a consciência pode se expandir sem limites. Embora possa parecer necessária uma longa experiência no caminho espiritual para alcançar a consciência pura, a verdade é exatamente o contrário. Em todos os momentos, a consciência pura está em contato com você, mandando-lhe impulsos criativos. Tudo o que importa é quão aberto você está para as respostas que estão sendo apresentadas. Quando você está totalmente aberto, os seguintes elementos estão presentes:

- Não há conflito.
- Os desejos alcançam a satisfação de maneira espontânea.
- A próxima coisa que você quer é a melhor coisa que pode acontecer. Você beneficia a si próprio e a quem está à sua volta.
- O mundo exterior reflete o que está acontecendo no seu mundo interior.
- Você se sente completamente seguro. Você está em casa no universo.
- Você enxerga a si e ao mundo com compaixão e compreensão.

Manter-se completamente no nível da consciência pura é a iluminação: um estado de unidade com tudo o que existe. No fundo, todas as vidas estão se movendo nessa direção. Sem alcançar o objetivo final, você pode dizer que está em contato com a consciência pura caso se sinta você mesmo, de verdade, em um estado de paz e liberdade.

Cada um desses níveis traz um tipo de experiência próprio. E isso pode ser visto com facilidade quando há um contraste agudo ou uma mudança súbita. O amor à primeira vista leva uma pessoa, sem aviso prévio, de uma consciência contraída para uma consciência expandida. Em vez de se relacionar na forma social normal, de repente, ela vislumbra um apelo imenso, até uma perfeição, em outra pessoa. No trabalho criativo, há a experiência do tipo "Aha!", na qual, em vez de lutar contra o bloqueio da imaginação, subitamente a resposta se apresenta, nova e vigorosa. Ninguém duvida da existência dessas epifanias. Elas podem ter consequência por toda a vida de uma pessoa, assim como na chamada experiência culminante, quando a realidade é inundada de luz e uma revelação se manifesta. O que as pessoas não percebem é que a consciência expandida deveria ser nosso estado normal, não um momento diferente e extraordinário. Torná-la um estado normal é o objetivo da vida espiritual.

Quando você escuta pessoas contando suas histórias de problemas, obstáculos, falhas e frustrações – uma existência aprisionada na armadilha da consciência contraída –, percebe que alcançar uma nova visão é decisivo. É muito fácil perder-se em detalhes. As dificuldades de enfrentar cada desafio são muitas vezes opressivas.

Independentemente da intensidade com que você sente sua situação, que possui dificuldades próprias, se olhar para os lados, verá outros que também estão envolvidos nas próprias situações. Remova os detalhes, e o que fica é uma causa genérica de sofrimento: falta de consciência. Ao usar o termo "falta" não estou sugerindo uma falha pessoal. A menos que saiba como expandir sua consciência, você não tem escolha, exceto vivenciar o estado de contração.

Da mesma forma que o corpo se contrai diante da dor física, a mente possui um reflexo que a faz recuar diante da dor mental. De novo, um momento de contraste súbito facilita vivenciar o que é essa contração: imagine-se em qualquer uma das seguintes situações:

- Você é uma jovem mãe que levou o filho a um parque infantil. Você conversa rapidamente com outra mãe, e, ao se virar, não vê seu filho.
- No trabalho, você está sentado diante do computador quando alguém menciona por acaso que vão acontecer demissões e, por acaso, o chefe quer vê-lo.
- Você abre sua caixa de correio e encontra uma carta da Receita Federal.
- Ao volante, você se aproxima de um cruzamento quando, de repente, um carro atrás do seu o ultrapassa e avança o sinal vermelho.
- Você entra em um restaurante e vê seu marido sentado com uma mulher atraente. Eles estão inclinados na direção um do outro, conversando em voz baixa.

Não é preciso muita imaginação para sentir a súbita mudança de consciência provocada por essas situações. Pânico, ansiedade, raiva e apreensão inundam sua mente, todos sentimentos resultantes das mudanças que ocorrem quando o cérebro inferior se sobrepõe ao cérebro superior, desencadeando a liberação de adrenalina como parte de um conjunto de respostas físicas conhecidas como "respostas ao estresse". Qualquer sentimento é tanto mental quanto físico. O cérebro dá uma representação exata do que a mente está vivenciando, recorrendo a combinações infinitas de sinais eletromecânicos que fluem através de cem bilhões de neurônios. Um pesquisador do cérebro consegue localizar, cada vez com maior precisão, as regiões que produzem essas mudanças. O que não pode ser visto nas imagens por ressonância magnética é o evento mental que incita todas as mudanças, pois a mente funciona em um nível invisível de percepção ou consciência. Você pode considerar esses dois termos sinônimos, mas vamos investigá-los um pouco.

A espiritualidade lida com seu estado de consciência. Não é o mesmo que a medicina ou a psicoterapia. A medicina lida com o aspecto físico onde ocorrem mudanças corporais. A psicoterapia lida com uma dificuldade específica, como ansiedade, depressão ou doença mental real. A espiritualidade confronta a consciência diretamente: ela tem o objetivo de produzir uma consciência maior. Na nossa sociedade, isso é visto como muito menos real do que outras formas de abordagem dos problemas. Em tempos de dificuldade, as pessoas enfrentam da melhor maneira possível uma confusão vertiginosa de medo, raiva, mudanças de humor e luta diária. Sequer lhes ocorre usar as palavras "espiritual" e "solução" em uma mesma sentença. Isso indica uma visão limitada a respeito do que de fato é a espiritualidade e o que ela pode fazer.

Se a espiritualidade pode mudar sua consciência, nada é mais prático.

A consciência não é passiva. Ele leva diretamente à ação (ou inação). A maneira pela qual você percebe um problema vai, sem dúvida, se misturar ao modo como você tenta solucioná-lo. Todos nós já tivemos a experiência, em algum momento da vida, de participar de grupos que são solicitados a realizar uma tarefa, e, quando a discussão começa, cada participante expõe aspectos da própria consciência. Alguém pede permissão para falar, exigindo atenção. Outra pessoa se retrai, em silêncio. Certas opiniões são cautelosas e pessimistas, enquanto outras são o contrário. Esse jogo e essa exibição de atitudes, emoções, desempenho de papéis etc. representam a consciência de uma maneira fundamental. Cada situação se presta à expansão da consciência. A palavra "expansão" não significa que a consciência se enche como um balão. Em vez disso, podemos decompô-la em áreas muito específicas. Quando você entra em uma situação, responde a ela por meio dos seguintes aspectos da sua consciência:

- Percepções
- Crenças
- Suposições
- Expectativa
- Sentimentos

Assim que você muda esses aspectos – mesmo que somente alguns deles –, ocorre uma mudança na consciência. Como primeiro passo para chegar a uma solução, é decisivo decompor qualquer problema até alcançar, na sua consciência, os aspectos que estão alimentando esse problema.

Percepções: cada situação parece diferente para pessoas diferentes. Onde eu vejo uma catástrofe, você pode ver uma oportunidade. Onde você vê uma perda, eu posso ver o alívio de um fardo. A percepção não é fixa; ela é muito pessoal. Então, a pergunta-chave, ao abordar o nível da consciência, não é "Qual a aparência das coisas?", mas "Qual a aparência das coisas para mim?". O questionamento da percepção lhe oferece um distanciamento do problema, e com esse distanciamento vem a objetividade. No entanto, a objetividade total não existe. Todos nós enxergamos o mundo por meio de lentes coloridas, e, se você confundir a visão da realidade, é apenas a tinta fingindo ser transparente.

Crenças: como se escondem debaixo da superfície, as crenças parecem desempenhar um papel passivo. Todos nós conhecemos pessoas que afirmam não ter preconceitos – racial, religioso, político ou outros –, mas agem exatamente como indivíduos preconceituosos. É fácil reprimir as crenças, mas também é fácil não reconhecê-las. O que os psicólogos denominam "crenças básicas" pode ser a coisa mais difícil de você reconhecer em si. No passado, por exemplo, era uma crença básica que os homens eram superiores às mulheres. O tópico não era nem mesmo trazido à discussão e, muito menos, posto em dúvida. Porém, quando as mulheres exigiram o direito ao voto – e isso se transformou em um movimento feminista amplo e ruidoso –, os homens descobriram que sua crença básica tinha ficado exposta. Como eles reagiram? Como se tivessem sido atacados pessoalmente, pois suas crenças eram sua identidade. A parte do "Esse sou eu" fica muito perto, na mente, da parte "isso é no que eu acredito". Quando você reage a um desafio levando para o lado pessoal, com atitudes defensivas, raiva e teimosia cega, em geral, alguma crença básica sua foi tocada.

Suposições: como mudam conforme a situação em que você encontra, elas são mais flexíveis do que as crenças. Contudo, também não são examinadas. Se um policial sinalizar para você parar o carro no acostamento, você vai presumir que fez algo errado e começar logo a se defender, não é mesmo? É difícil ter a cabeça aberta o suficiente para supor que o policial pode lhe trazer algo positivo. Eis como as suposições funcionam: elas se manifestam para preencher uma lacuna de incerteza. Os encontros sociais nunca são vazios. Quando você se reúne com um amigo para jantar, carrega consigo suposições, acerca de como será a noite, que são diferentes das suposições que você leva para o encontro com um desconhecido. Assim como as crenças, se você desafiar as suposições de uma pessoa, o resultado tenderá a ser volátil. Embora nossas suposições mudem o tempo todo, na maioria das vezes não gostamos que alguém nos diga que elas precisam mudar.

Expectativas: o que você espera das outras pessoas está ligado ao desejo ou ao medo. Expectativas positivas são regidas pelo desejo, já que você quer algo e espera que isso venha até você. Esperamos ser amados e cuidados por nossos cônjuges. Esperamos ser pagos pelo trabalho que realizamos. As expectativas negativas são regidas pelo medo, como quando as pessoas preveem os piores cenários. A lei de Murphy, que afirma que, se alguma coisa pode dar errado, com certeza dará, é um bom exemplo disso. Como o desejo e o medo estão perto da superfície da mente, as expectativas são mais ativas do que as crenças e as suposições. O que você pensa a respeito do seu chefe é uma coisa; tomar conhecimento que seu salário foi cortado é outra. Privar uma pessoa do que ela espera influencia diretamente a maneira como essa pessoa vive.

Sentimentos: por mais que tentemos disfarçá-los, os sentimentos estão na superfície; as outras pessoas os percebem ou os sentem assim que nos encontram. Dessa maneira, gastamos muito tempo lutando contra sentimentos que não queremos ter, ou contra sentimentos que nos envergonham e os quais julgamos negativos. Para muitas pessoas, ter sentimentos é simplesmente indesejável. Elas se enxergam como desprotegidas e vulneráveis. Ser emocional é equiparado a estar fora de controle (o que, em si, é um sentimento indesejável). Ter consciência de que você tem sentimentos é um passo na direção de uma maior consciência e, em seguida, há o próximo passo, que pode ser muito mais difícil: aceitar seus sentimentos. Com a aceitação vem a responsabilidade. Ser dono de seus próprios sentimentos, e não responsabilizar outra pessoa por eles, é a marca de uma pessoa que passou de uma consciência contraída para uma consciência expandida.

Se você for capaz de analisar seu estado de consciência, esses cinco elementos emergirão. Quando uma pessoa é autoconsciente de verdade, é possível formular-lhe uma pergunta direta a respeito de como ela se sente, de quais são suas suposições, do que ela espera de você e de como suas crenças básicas estão sendo afetadas. Como resposta, você vai ter não uma reação defensiva, mas a verdade. Saudável como isso soa, por que se trata de algo espiritual? A autoconsciência não é o mesmo que rezar, acreditar em milagres ou buscar as graças de Deus. A visão que esbocei é espiritual por causa do terceiro nível de consciência, que denominei consciência pura.

Esse é o nível que as pessoas religiosas conhecem como alma ou espírito. Ao basear a vida na realidade da alma, você mantém crenças espirituais. Ao ir além e assumir o nível da alma como base da vida – o verdadeiro fundamento da existência –, a espiritualidade se torna um princípio ativo. A alma é despertada. Na realidade, ela nunca dorme, pois a consciência pura se impregna em cada um dos nossos pensamentos, sentimentos e ações. Podemos encobrir esse fato de nós mesmos. Um sintoma da consciência contraída, na verdade, é a negação completa da realidade "superior". Essa negação se baseia não na cegueira deliberada, mas na ausência de experiência. Uma mente bloqueada por medo, ansiedade, raiva, ressentimento ou sofrimento de qualquer tipo não é capaz de vivenciar a consciência expandida, muito menos a consciência pura.

Se a mente trabalhasse como uma máquina, não seria capaz de se recuperar do estado de sofrimento. Como engrenagens desgastadas pelo atrito, nossos pensamentos ficariam cada vez piores, até o dia em que o sofrimento saísse vitorioso. Para um sem-número de pessoas, a vida dá exatamente essa impressão. No entanto, o potencial de cura nunca é desgastado por completo; a mudança e a transformação são seu direito inato, garantido não por Deus, pela fé ou pela salvação, mas pela base indestrutível da vida, que é consciência pura. Quando nos sentimos paralisados, nossas células ainda estão processando os materiais básicos da vida de maneira contínua. As sensações de entorpecimento e depressão podem dar a impressão de que a vida parou. O mesmo pode acontecer com uma perda súbita ou o fracasso. Entretanto, independentemente de quão grave o choque ou de quão persistente o obstáculo, o estado fundamental da existência não é afetado, e muito menos danificado.

Nas páginas a seguir, você conhecerá pessoas que se sentem paralisadas, entorpecidas, frustradas e bloqueadas. A história de cada uma delas parece única, mas o caminho a seguir é o mesmo, pois consiste em lidar com o estado de consciência. O que se recusa a se mover deve descobrir como fazê-lo. Esse é outro motivo pelo qual as soluções aqui oferecidas são espirituais: elas primeiro envolvem ver, despertar, ficar aberto a novas percepções. A maneira mais prática de alcançar uma solução é espiritualmente, uma vez que você só consegue mudar o que primeiro é capaz de ver e entender. Nenhum inimigo é mais traiçoeiro do que aquele para o qual seus olhos estão fechados.

Vivemos em uma época secular, portanto a visão de vida que acabei de esboçar está distante da norma. De fato, é quase o oposto, pois, apesar de todo mundo concordar que os edifícios devem ter projetos, a vida não tem. A vida é vista como uma série de eventos imprevisíveis, os quais nos esforçamos para controlar. Quem terá a hipoteca executada ou perderá o emprego? Que famílias serão vítimas de acidentes, vícios, divórcios? A princípio, não há fundamento lógico por trás desses eventos. As coisas acontecem. Os obstáculos surgem de forma espontânea ou simplesmente por acidente. Cada um de nós justifica nossa consciência contraída aceitando essas crenças, e elas estão arraigadas em nós. A natureza humana, afirmamos para nós mesmos, está cheia de impulsos negativos, como egoísmo, agressão e inveja. Na melhor das hipóteses, temos o controle parcial desses impulsos quando surgem dentro de nós. Porém, não temos controle nenhum sobre a negatividade dos outros, assim, somos apresentados todos os dias a uma luta contra a aleatoriedade e contra as pessoas que estão em busca de conseguir o que querem, independentemente de isso causar problemas ou até perdas para nós. Como um começo para a expansão da consciência, devemos desafiar essa visão de mundo, mesmo que ela seja a norma social. Normal não é o mesmo que verdadeiro.

A verdade é que cada um de nós está enredado no mundo que denominamos "real". A mente não é um fantasma. Ela está integrada a todas as situações da sua vida. Para ver como isso funciona, primeiro elimine a separação entre pensamento, células cerebrais estimuladas pelo pensamento, reação corporal quando uma pessoa recebe mensagens do cérebro e atividade que ela deseja realizar. Tudo isso faz parte do mesmo processo contínuo. Mesmo entre os geneticistas, que, durante décadas, pregaram que os genes determinavam praticamente todos os aspectos da vida, há uma nova voz corrente: os genes não são substantivos; eles são verbos. O dinamismo é universal.

Você também não está flutuando em um ambiente insensato. Seu meio está sendo afetado pelo que você diz e faz. A frase "eu te amo" possui sobre os outros um efeito totalmente diferente do que a frase "eu te odeio". Toda uma sociedade é incitada pela frase "o inimigo está atacando". No nível mais expandido, todo o planeta é influenciado pela troca de informações: você está participando da mente mundial ao enviar um e-mail ou quando se liga a uma rede social qualquer. O que você come correndo em um restaurante *fast-food* possui implicações em toda a biosfera, como os ambientalistas se esforçam em nos mostrar.

A espiritualidade sempre começou com a totalidade. Por estar perdido em um mundo de pormenores, esquecemos que o isolamento é um mito. Neste momento, sua vida está em um emaranhado processo que envolve pensamentos, sentimentos, processos químicos cerebrais, reações corporais, informações, interações sociais, relacionamentos e ecologia. Assim, quando você fala e age, está provocando uma onda que é sentida no fluxo da vida. Todavia, a espiritualidade vai além de descrever você; ela também prescreve a maneira mais benéfica de você afetar o fluxo da vida.

Como a consciência pura está na base de tudo, a maneira mais poderosa de mudar a vida é começar com a consciência. Quando ela muda, a situação também muda. Cada situação é tanto visível quanto invisível. A maioria das pessoas luta contra a parte visível, pois ela está "fora", isto é, acessível aos cinco sentidos. As pessoas são avessas a confrontar o aspecto invisível de uma situação, pois ele está "dentro", ou seja, onde os perigos e os medos invisíveis espreitam. Na visão espiritual da vida, o "dentro" e o "fora" estão enredados com um sem-número de fios; e o tecido da existência é tramado a partir deles.

Portanto, duas visões completamente opostas estão competindo: uma baseada no materialismo, na aleatoriedade e nas circunstâncias externas; e outra baseada na consciência, no propósito e na união do interior e do exterior. Antes de conseguir achar uma solução para o desafio que o encara hoje, neste exato minuto, você deve escolher, em um nível mais profundo, que visão de vida você está seguindo. A visão espiritual conduz a soluções espirituais. A visão não espiritual conduz a diversas outras soluções. Evidentemente, essa é uma escolha decisiva, quer você perceba quer não, pois sua vida está se desenvolvendo de acordo com as escolhas que você fez, de forma inconsciente, que foram ditadas pelo seu nível de consciência.

Contudo, esse esboço do que uma solução espiritual pode alcançar parecerá muito estranho para inúmeras pessoas. A maioria de nós evita se encarar; somos incapazes de definir uma visão. Em vez disso, tocamos a vida da maneira como ela se apresenta, lidando com ela da melhor maneira possível, baseando-nos em erros do passado, conselhos de amigos e familiares, e na esperança. Acabamos entregando os pontos quando precisamos, e agarrando com força o que achamos que queremos. Então, o que é necessário para adotar uma visão espiritual da própria vida? Neste livro, não queremos seguir o caminho da religião convencional. Porém, a oração e a fé, embora não sejam fundamentais para a visão que precisa ser desenvolvida, não são excluídas. Se você for um indivíduo religioso e encontrar conforto e ajuda dirigindo-se a Deus, você tem o direito à sua versão de uma vida espiritual. Porém, vamos levar em consideração aqui uma tradição muito maior do que qualquer uma das religiões do mundo; uma tradição que incorpora a sabedoria prática de sábios e profetas tanto do Oriente como do Ocidente, que observaram profundamente a condição humana.

Se há um elemento de sabedoria prática tratado nos próximos capítulos, é este: a vida está sempre se reciclando, e, ao mesmo tempo, evoluindo. Então, o mesmo deve ser verdadeiro em relação à sua vida. Ao conseguir perceber que todas as suas lutas e frustrações o impediram de se juntar ao fluxo da evolução, você tem o melhor dos motivos para parar de lutar. Sou influenciado por um conhecido sábio indiano, que ensina que a vida é como um rio fluindo entre duas margens de dor e sofrimento. Tudo corre perfeitamente bem quando ficamos no rio, mas insistimos em tentar agarrar a dor e o sofrimento quando passamos por eles, como se as margens nos oferecessem segurança e abrigo.

A vida flui de dentro de si mesma, e adotar qualquer tipo de posição rígida ou fixa é contrário à vida. Quanto mais você diminuir o controle, mais o verdadeiro eu pode expressar o desejo de evoluir. Assim que o processo estiver avançando, tudo muda. Os mundos interior e exterior se refletem sem confusão ou conflito. Nesse momento, como as soluções emergem do nível da alma, não encontram resistência. Todos os desejos conduzem a um resultado que é o melhor para você e seu meio. No fim, a felicidade se baseia na realidade, e nada é mais real do que a mudança e a evolução. É com a esperança de que todos possam achar um caminho para saltar dentro do rio que este livro foi escrito.

A essência

Todos os problemas estão abertos à solução espiritual, que é encontrada expandindo-se a consciência, movendo-se além da visão limitada do problema. O processo começa pelo reconhecimento do tipo de consciência com que você está trabalhando, pois, para cada desafio da vida, há três níveis de consciência.

Nível 1: Contração da consciência
Esse é o nível dos problemas, obstáculos e lutas. As respostas são limitadas. O medo colabora para uma sensação de confusão e conflito. Os esforços de encontrar uma solução acabam em frustração. Você continua fazendo mais o que não funciona. Se você se mantiver nesse nível, ficará frustrado e exausto.

Nível 2: Expansão da consciência
Esse é o nível no qual as soluções começam a aparecer. Há menos luta. Os obstáculos são mais fáceis de superar. A visão se estende além do conflito, dando-lhe mais clareza. As energias negativas são confrontadas de modo realista. Com maior expansão, forças invisíveis chegam para ajudá-lo. Você avança de acordo com o que deseja da sua vida.

Nível 3: Consciência pura
Esse é o nível em que os problemas não existem. Cada desafio é uma oportunidade criativa. Você se sente completamente alinhado com as forças da natureza. Os mundos interior e exterior se refletem sem confusão ou conflito. Como as soluções surgem do nível do verdadeiro eu, não encontram resistência. Todos os desejos conduzem a um resultado que é o melhor para você e seu meio.

Quando você se move do Nível 1 para o Nível 3, os desafios da vida se tornam o que estavam destinados a ser: um passo que o aproxima mais do verdadeiro eu.

PARTE II
Os maiores desafios da vida

Relacionamentos

O que abre um relacionamento a soluções espirituais? Uma disposição de expandir sua consciência e, ao mesmo tempo dar espaço para a consciência do parceiro se expandir. Portanto, o relacionamento espiritual é um espelho em que duas pessoas se vislumbram no nível da alma, e que traz a satisfação mais profunda. Esse tipo de satisfação não pode ser fraudado. Mas quais são seus componentes?

Assim como cada aspecto do caminho espiritual, nada é fixo. Você pode tentar definir o relacionamento perfeito em termos de ideais, como amor incondicional e confiança absoluta. No entanto, na realidade, há um processo e, mesmo nos melhores relacionamentos, esse processo apresenta reviravoltas inesperadas. Nessa seção, você tomará conhecimento de pessoas envolvidas em relacionamentos difíceis. Para elas, o processo também existe, mas tomou a direção incorreta. Quando duas pessoas que costumavam se amar se sentem alienadas e tristes, o processo que as levou até esse ponto apresenta certas características previsíveis. Considerando seu casamento ou união estável, o mencionado a seguir se aplica?

Projeção: seu marido a deixa furiosa e frustrada. Ele afirma que não fez nada para irritá-la, muito menos para prejudicá-la, mas isso não muda a maneira como você se sente. O menor gesto faz você ver tudo o que não gosta, todos os traços persistentes de personalidade que nunca parecem mudar.

Julgamento: você sente que sua mulher está errada ou é má. Sente uma falta de respeito, se não um sentimento intenso de culpa. Especialmente, você condena o julgamento que sente que está guiando seu caminho, o que só aumenta a sensação de que você tem razão e de que ela está errada.

Codependência: seu parceiro preenche as peças que faltam em você. Juntos, vocês constituem uma pessoa única, uma frente unida contra o mundo. Vocês se sentem muito conectados, e quando você discorda dele, acha impossível se defender como um ser humano adulto e independente. Você precisa da peça que falta, pois, caso contrário, sentirá um vazio interior.

Entregando muito: a fim de ter um bom relacionamento e mostrar que é uma boa esposa, você entrega seu poder. Todas as principais decisões são tomadas por seu marido; ele tem a palavra final. É muito menos frequente, porém, o caso do marido que entrega o poder à esposa, mas, em ambos os casos, você se torna dependente da outra pessoa em relação à manutenção da sua vida, ao seu respeito próprio, apreço, atenção e, no final das contas, à sua autoestima.

Agarrando à força: esse é o inverso do item anterior. Em vez de ficar dependente, você torna dependente o seu parceiro. E faz isso por meio do controle. Você quer ter razão; você se sente livre para culpar o parceiro enquanto sempre acha uma desculpa para si mesmo. Você supõe que tem razão e quase nunca compartilha ou consulta o outro. Em menor ou maior grau, você faz seu parceiro sentir que é menos do que você.

Relacionamentos não são um objeto que você pode tirar da prateleira e polir, ou mandar para o conserto. Consistem em dias, horas e minutos passados juntos, e cada um é perdido assim que termina. A maneira como você enfrenta isso, minuto a minuto, torna-se a soma total do relacionamento. Enfrente muito mal a passagem desses minutos e, com o tempo, o processo é levado à deterioração.

A alternativa é enfrentar bem e com sabedoria momento a momento. E é preciso habilidade para isso. Ninguém aqui está sendo convidado a transformar o casamento em um pacto entre dois santos. O que você precisa é de uma conexão com um nível mais profundo de si mesmo, um nível do qual o amor e a compreensão possam emergir espontaneamente. Nos relacionamentos que estão se deteriorando, a consciência é superficial e contraída; assim, os impulsos que surgem de maneira espontânea são a raiva, o ressentimento, a ansiedade, o tédio e as reações mecânicas. Sem se culpar ou ao seu parceiro, considere tais sentimentos sintomas de contração que podem ser mudados apenas por meio da expansão.

Quando os relacionamentos despertam

A consciência expandida possui características próprias. Levando em conta a melhor parte do relacionamento – as vezes em que você se sente próximo e conectado ao seu parceiro –, pergunte-se se as qualidades a seguir se aplicam a você e a seu companheiro.

Evolução: você procura achar o verdadeiro eu e atua a partir desse nível. Ao mesmo tempo, seu parceiro possui o mesmo objetivo. Tanto quanto você, ele também quer evoluir e crescer.

Igualdade: você não se sente superior nem inferior. Independentemente de quanto seu parceiro pode irritá-lo, no fundo, você enxerga outra alma. Juntos, vocês partilham respeito mútuo. Quando as discussões se manifestam, você nunca subestima o outro, nem tem de forçar uma sensação de ser igual, com seu ego sentindo secretamente que você é melhor.

Ser real: os dois esperam sinceridade e verdade por parte do outro. Você percebe que as ilusões são inimigas da felicidade e não pretende ter sentimentos que não existem na realidade. Ao mesmo tempo, você percebe que a negatividade é uma projeção, por isso não se entrega à raiva e ao ressentimento. Ser real também significa que você se sente renovado todos os dias. Quando cada momento é real, não há necessidade de depender de expectativas e rituais para chegar ao final do dia.

Intimidade: você sente prazer em estar próximo e utiliza a intimidade para compreender e ser compreendido. A mulher não manipula a intimidade para extrair mais afeição e desejo. O homem não abre mão da intimidade porque esta o assusta. A intimidade não é um estado em que o casal se sente exposto e vulnerável, mas a sua verdade mútua mais profunda.

Assumindo responsabilidade: você reivindica o que é seu, mesmo quando isso parece doloroso, e carrega a própria bagagem. Há cargas que vocês carregam juntos, mas não são seduzidos pela codependência, que obriga que os problemas de uma pessoa sejam carregados pelos dois. Ao perceber que isso é "minha raiva" e "minha dor", e não "você me deixa zangado" e "assim você me machuca", você superou a vitimização. Por mais justificável que seja se sentir a vítima, há uma falta subjacente de responsabilidade nessa atitude, pois assim você está deixando que outra pessoa determine seus sentimentos e decida resultados que você mesmo tem de decidir.

Rendição por meio da entrega: você não encara a rendição como uma derrota. Em vez disso, pergunta quanto pode entregar ao seu parceiro e, assim, alcança um nível superior de rendição. Nesse nível, a entrega é uma honra, pois um verdadeiro eu está reverenciando outro. O sentimento é de amor, mas é quase um amor impessoal, pois você não espera nada em troca. Toda vez que há uma entrega, você enriquece o verdadeiro eu e, dessa maneira, o resultado final é um ganho.

Se as pessoas conseguirem perceber a diferença entre esses dois processos – um que conduz à deterioração entre os parceiros, e o outro que leva à evolução compartilhada –, o primeiro passo rumo ao relacionamento espiritual foi dado. No entanto, não me apoio na palavra *espiritual*. Muitos casais acham isso um conceito estranho ou até mesmo ameaçador. Assim, é mais importante que ambos vislumbrem o valor da expansão de suas consciências. O truque é saber como abrir o caminho. Todos nós mantemos com unhas e dentes nossos pontos de vista egoístas. Sabemos o que queremos a maior parte do tempo. Alimentamos a fantasia de que nossos parceiros vão se pôr de lado e nos dar um caminho fácil para conseguir o que queremos.

Com isso em mente, fica claro que persuadir o parceiro a abrir mão ou ceder é inútil. É o mesmo que dizer: "Eu quero para você mais do que eu quero para mim". Ninguém pode honestamente dizer isso, em especial em um estado de contração. O que vai funcionar é abordar a questão de um ângulo distinto, mostrando os benefícios da expansão da consciência. Você se sente mais relaxado e menos estressado. Dá espaço para a exteriorização de emoções positivas, sem temer que elas sejam derrotadas. A ansiedade pode aflorar e ser liberada. Ao menos no início, esses benefícios são egoístas. Ao longo do tempo, porém, a consciência expandida cria espaço para a outra pessoa. Em um relacionamento que se desenvolveu durante anos em uma direção espiritual, você, naturalmente, deve estar fazendo o seguinte:

- Relacionando-se com seu parceiro de forma emocional, com a confiança de que seus sentimentos são valiosos e não serão julgados.
- Ligando-se em um nível profundo, com confiança absoluta de que você é aceito.

- Explorando quem você é realmente e quem é de fato seu parceiro. Em outras palavras: revelando sua alma.
- Deixando o amor e a intimidade crescerem sem impor limites ou permitir que o medo se intrometa no caminho.
- Seguindo juntamente com seu companheiro um propósito maior.
- Criando uma geração de filhos que podem se sentir mais realizados do que a geração atual.

Sei que pode parecer impossível alcançar isso quando você pensa em si mesmo e no seu parceiro hoje. Entretanto, um relacionamento plenamente espiritual é o resultado natural de um processo que você pode começar agora. Na maioria das vezes, as tradições consagradas do mundo falam no singular, a respeito de como uma alma pode alcançar o paraíso ou a iluminação. Todavia, os seres humanos sempre foram sociais, e o crescimento do indivíduo ocorre em um ambiente social. Olhando ao redor hoje, vislumbramos inúmeras famílias em que o crescimento interior é desejado; porém, esse não é um assunto fácil de ser abordado.

Na sociedade moderna, o lado espiritual da vida se divorciou da "vida real", que envolve distrações sem fim. Nós nos concentramos nas coisas cotidianas que constituem os relacionamentos: criar uma família, prover a necessidade de alimentos e vestuário, manter a paz sob um teto. Como os relacionamentos são difíceis mesmo quando as condições são favoráveis, tentar alcançar um relacionamento espiritual pode parecer uma fantasia. No entanto, a espiritualidade é a base de tudo na vida. Em primeiro lugar, somos almas, depois, pessoas; as tradições consagradas do mundo repetem esse ensinamento indefinidamente. Quando você inverte a equação, relacionando-se primeiro como pessoa, os problemas são inevitáveis, pois, em nível pessoal, temos nossos planos, preferências e motivações egoístas. O verdadeiro eu não tem escolha a não ser se esconder.

Todos precisam da luz

De qualquer forma, o verdadeiro eu tem todos os motivos para sair do esconderijo. É assim que duas almas podem se encontrar. Porém, trazer à luz a sua qualidade espiritual não se restringe ao seu relacionamento principal. Todos os relacionamentos possuem potenciais próprios, distintos e únicos. Nesse momento, imaginemos que todas as pessoas com quem você se relaciona são como uma torta, cada pessoa ocupando uma fatia. A maioria das fatias será constituída por pessoas estáveis: amigos e familiares confiáveis, que nunca parecem mudar. Essa estabilidade é necessária; esses relacionamentos tornam a vida firme e confortante, ainda que você possa se queixar de que ninguém muda ou de que eles não conseguem vislumbrar quanto você mudou. Quando você retorna para casa na época das festas, a mesa está cheia desse tipo de pessoas.

Outras fatias da torta são diferentes. No mínimo, uma deve estar recheada de luz: é a pessoa que o inspira, que o faz crescer e evoluir. O caso de amor nem sempre é a chave. Ele ou ela pode ser a pessoa mais difícil com quem você se relaciona, pois o relacionamento de vocês é aberto: nenhum dos gestos sociais comuns é perdido entre vocês. Lembro-me de uma mulher que disse ao parceiro: "Não somos tão felizes juntos como deveríamos ser". Sem hesitação, o parceiro respondeu: "Talvez nosso trabalho nesse momento não seja ser feliz. Mas ser real". Em um nível mais profundo, a felicidade se torna duradoura apenas quando é real. Tentar basear o relacionamento em ilusões, por mais agradáveis que sejam, sempre fracassará no final.

Consideremos aquela fatia da torta de relacionamento que está recheada de luz. A *luz* é a essência da alma. Coloco a palavra em itálico pois luz é uma metáfora para uma variedade de características da alma: amor, aceitação, criatividade, compaixão, não julgamento e empatia. O relacionamento principal deve conter essas qualidades.

Entretanto, várias pessoas não são tão afortunadas. Elas não têm nenhum parceiro na sua jornada espiritual; ninguém no seu círculo de relacionamentos é inspirador. E os parceiros que têm podem estar obstruindo o caminho. Essa é a ideia central do problema quando as pessoas perguntam sobre seus relacionamentos turbulentos. Contudo, as soluções que elas estão procurando não residem no nível do problema, mas no nível do verdadeiro eu. Quando as pessoas entendem isso, podem parar de acusar os parceiros, de se sentir vitimizadas, e começar a assumir a responsabilidade de descobrir quem são na verdade. Com essas chaves na mão, soluções espirituais que não foram vislumbradas antes emergem, mesmo quando os casais dizem que já tentaram tudo.

O que eles não tentaram é a única coisa que apoia a vida como um todo: consciência de quem realmente somos. Mais do que a espiritualidade está em jogo. Relacionar-se é uma jornada, de mãos dadas, de autoinvestigação. Quando empreendida mutuamente, nada traz maior satisfação.

A essência
Os relacionamentos esbarram em problemas quando os sintomas da consciência contraída estão presentes, como:

- Projetar a negatividade sobre o parceiro.
- Acusar e julgar, em vez de assumir a responsabilidade.
- Usar o parceiro para preencher peças ausentes em você, cedendo poder e ficando dependente.
- Tomar o poder; tentar controlar.

Quando esses problemas surgem, o relacionamento se contrai ainda mais, porque cada parceiro também está se contraindo. O resultado é um colapso das comunicações. Tais relacionamentos geram impasses, situação em que as duas pessoas se sentem bloqueadas e frustradas.

Em um relacionamento no qual a consciência está se expandindo, as duas pessoas evoluem juntas. Em vez de projetar, elas enxergam o outro como um espelho de si. Essa é a base do relacionamento espiritual, em que você consegue:

- Desenvolver o verdadeiro eu e se relacionar a partir desse nível.
- Vislumbrar a outra pessoa com uma alma igual à sua.
- Basear sua felicidade em ser real, não em ilusões e expectativas.
- Utilizar a intimidade para evoluir e crescer.
- Superar a vitimização assumindo a responsabilidade por sua metade do relacionamento.
- Perguntar o que você pode dar antes de exigir o que você quer obter.

Saúde e bem-estar

Trazer a consciência para o campo da saúde é o próximo e maior passo que precisa ser dado. A maioria das pessoas define saúde apenas em termos físicos: quão bem elas se sentem e o que enxergam quando se olham no espelho. A prevenção enfoca os fatores de risco, que também são basicamente físicos: exercícios, dieta e estresse, sendo que este último é tratado mais com retórica do que com atenção séria. Nesse caso, a inércia representa um problema importante. A medicina recorre a medicamentos e cirurgias, o que reforça a fixação no físico. Mesmo quando programas holísticos de saúde são propostos, o comum é que as pessoas simplesmente troquem produtos farmacêuticos por ervas, alimentos industrializados por orgânicos, e *jogging* por aulas de ioga. A mudança para uma abordagem de fato holística não acontece.

Para ser holística, a abordagem referente à saúde deve levar em consideração a consciência, uma vez que esta é o fator invisível que possui efeitos a longo prazo sobre o corpo e a mente. Considere as seguintes perguntas bastante básicas:

- Você confia que pode quebrar antigos hábitos, como não praticar exercícios, comer demais ou se sujeitar a estresse elevado?

- O controle do impulso é uma luta?
- Você se sente infeliz em relação ao seu peso e à sua imagem corporal?
- Você se promete que vai praticar exercícios, mas sempre dá desculpas para não cumprir a promessa?
- O entusiasmo pela prevenção vai e vem?
- Como você se sente em relação ao processo de envelhecimento?
- A morte é um assunto em que você evita pensar?

Em cada uma dessas perguntas, há dois níveis. O primeiro tem a ver com um fator de risco específico, como manter o peso correto e praticar exercícios de maneira adequada. A essa altura, como sabemos, décadas de campanhas de saúde pública para que as pessoas prestassem atenção nas medidas preventivas mais básicas não impediram uma epidemia de obesidade, o aumento de distúrbios associados aos hábitos de vida, como a diabetes tipo 2, e um estilo de vida mais sedentário. Todas essas tendências negativas também estão se transferindo para faixas etárias mais jovens. Um motivo para tal negligência a respeito do bem-estar é nossa desconsideração pelo segundo nível de bem-estar, que envolve a mente.

O bem-estar não diz respeito a tratar direito do corpo, mas em acolher a ansiedade e o agouro a respeito de quantas coisas podem dar errado – ou os "fatores de risco". Ao olhar apenas para fora, muitas pessoas vislumbram um mundo cheio de riscos: germes, toxinas, carcinógenos, pesticidas, aditivos alimentares etc. Elas ignoram o mundo interior a menos que deparem com uma síndrome como a depressão.

Décadas de estudos revelaram os efeitos danosos das atitudes negativas, do estresse, da solidão e da repressão emocional. Se você der um passo atrás, o que todos esses fatores têm em comum? A consciência contraída. Ficamos mais isolados e confinados pelos muros mentais do que pelos aposentos em que vivemos. Consideremos os detalhes de como a consciência contraída leva a um estado negativo do corpo.

Os sinais do corpo são ignorados ou negados.
Nas últimas décadas, uma revolução ocorreu na maneira como percebemos o corpo. O que parece ser um objeto, uma coisa, é, na realidade, um processo. Nada no corpo está em repouso, e a vida é sustentada por algo que parece muito abstrato: informações. Constantemente, 50 trilhões de células estão dialogando entre si, por meio de receptores, presentes na membrana externa das células, que captam informações das moléculas que circulam na corrente sanguínea. As informações são democráticas. Uma mensagem do fígado é tão válida quanto uma informação enviada pelo cérebro, e tão inteligente quanto.

Quando a consciência está contraída, o fluxo de informações é dificultado primeiro no cérebro, pois este representa a mente em nível físico. No entanto, cada célula está espreitando o cérebro, ou recebendo instruções diretamente dele, e, em segundos, mensagens químicas fornecem boas ou más notícias para todas as partes do sistema. No nível mais básico, ao fazer escolhas ruins de estilo de vida acerca de dietas, exercícios e estresse, você está tomando uma decisão holística, pois não é possível isolar suas escolhas do seu corpo, que arca com as repercussões de cada atitude negativa.

A solução: torne-se mais consciente e tolerante em relação ao seu corpo. Pare de criticá-lo. Realize conexões por meio das sensações e dos sentimentos; traga para a sua consciência o que foi bloqueado e rejeitado.

Os hábitos se estabelecem e os impulsos são difíceis de controlar.
O corpo não tem voz ou vontade própria. Ele se adapta a tudo o que você escolhe fazer. A variedade dessa adaptabilidade é milagrosa. Os seres humanos ingerem a dieta mais ampla que qualquer outro animal, vivem nos climas mais variados, respiram ar nas altitudes mais altas e mais baixas, e reagem a mudanças ambientais com um tipo de criatividade não conhecido em outros seres vivos, exceto, ironicamente, nas formas de vida mais inferiores: vírus e bactérias. Sem a adaptabilidade, nenhum de nós conseguiria sobreviver.

Entretanto, também escolhemos nos contrair e nos recusamos a nos adaptar. Isso acontece por meio dos hábitos. Um hábito é um processo fixo, imutável, mesmo quando você quer e o ambiente exige mudanças. Um caso extremo seriam as dependências. Um alcoólico recebe um *feedback* negativo do corpo; as pessoas próximas a ele pedem uma mudança e demonstram sofrimento extremo; o estresse de ser dependente continua a crescer. Se uma toxina comum estivesse envolvida, resultante de comer um pedaço de peixe estragado em um piquenique, a adaptação entraria em ação de forma automática e drástica. O corpo descarregaria a toxina, começaria a se purificar e alcançaria um estado renovado de equilíbrio o mais rápido possível. Contudo, as dependências são hábitos, e podem bloquear cada recurso que o corpo possui para se adaptar até resultar em um colapso inevitável. De maneira menos extrema, você está bloqueando seu corpo por meio de hábitos cotidianos como comer demais e não se exercitar, mas também mediante hábitos mentais, como preocupações e comportamento de controle tipo A.

A solução: antes de agir movido por um hábito, faça uma pausa. Pergunte-se como você se sente. Proponha-se outras escolhas. Você pode fazer outra escolha? Em caso negativo, o que o está retendo? Hábitos são quebrados pela interrupção do reflexo automático e pela injeção de novas perguntas, das quais novas escolhas surgem. Lutar contra um hábito só o deixa mais forte. Perder a batalha é inevitável, e, quando isso acontece, o autojulgamento começa.

O ciclo de feedback *fica negativo*

As células corporais não se envolvem em um monólogo. O diálogo delas sofre interferências, sempre se entrelaçando e se interconectando à medida que as mensagens fluem através da corrente sanguínea e do sistema nervoso. Se uma célula disser "eu estou doente", as outras responderão: "o que podemos fazer a esse respeito?". Esse é o mecanismo básico conhecido como ciclo de *feedback*. O *feedback* significa que toda mensagem será respondida, que todo pedido de ajuda será ouvido.

Ao contrário da sociedade, que dá muito *feedback* negativo em forma de críticas, rejeições, preconceitos e violência, o corpo envia só *feedback* positivo. As células aspiram sobreviver, e só conseguem isso por meio do apoio mútuo. A dor existe para alertá-lo de áreas que precisam de cura.

Contudo, temos a capacidade poderosa de criar *feedback* negativo. O corpo de cada pessoa sofre de conflito e confusão, de medo e depressão, de aflição e culpa que atravessam a mente. Alguns desses sentimentos postulamos como nossos direitos. Os seres humanos sentem satisfação em chorar nos filmes tristes, em se concentrar nos infortúnios de terceiros, e em ficar abalados com catástrofes mundiais. O problema é que perdemos controle do *feedback* negativo. A depressão é a tristeza descontrolada; a ansiedade é o medo que persiste sem razão aparente. Essa é a área mais complexa da consciência contraída, porque pode levar uma vida inteira para interromper os ciclos de *feedback* do corpo, ou pode levar um minuto. O estresse pode atingi-lo de imediato ou ficar remoendo mês após mês. Porém, a causa é sempre a mesma: a consciência foi atraída para um círculo bem estreito, contraindo-se para se defender de algum tipo de ameaça.

A solução: aumentar o *feedback* positivo. Isso pode ser feito interna ou externamente. Busque o apoio de amigos e orientadores. Olhe para dentro e aprenda a liberar energias negativas, como medo e raiva. Seu corpo quer restaurar os ciclos de *feedback* enfraquecidos ou bloqueados. *Feedback* é informação. O que quer que traga mais informações à sua mente e ao seu corpo é benéfico.

Os desequilíbrios não são detectados até alcançarem o estado de desconforto ou doença.

No Ocidente, tendemos a considerar a saúde uma simples bifurcação no caminho: você ou está doente ou está bem. As duas escolhas com que as pessoas se defrontam se caracterizam por "Eu estou bem" ou "Eu tenho de ver um médico". No entanto, o corpo possui diversos estados de desequilíbrio antes da aparição dos sintomas da doença. Esses desequilíbrios são identificados na medicina tradicional oriental, como a medicina ayurvédica, em que um diagnóstico pode identificar os primeiros sinais de desequilíbrio e tratá-los. A abordagem é mais de acordo com a natureza, pois a sensação de desconforto de um paciente, mesmo uma sensação vaga de que algo não está muito bem, serve como um guia confiável. Estima-se que mais de 90% das doenças graves são detectadas primeiro pelos pacientes, não pelos médicos.

O desequilíbrio abrange diversas coisas, mas significa principalmente que o corpo não consegue mais se adaptar. Foi obrigado a aceitar um estado de desconforto, dor, função reduzida ou interrupção, dependendo da gravidade do problema. Observando isso em um nível microscópico, veremos que os receptores de diversas células não enviam nem recebem mais um fluxo constante de mensagens, sem o qual a vida celular normal é impossível. Sair do equilíbrio é de fato tão complexo quanto permanecer nele (que é o motivo pelo qual a cura do câncer, o comportamento mais drástico das células, parece mais distante e complicado com o passar do tempo), mas um fator negativo importante é a consciência. O bem-estar começa com o fato de se estar consciente do corpo. Nada é mais sensível, e quando a consciência desaparece ou fica bloqueada, o corpo perde parte da capacidade de se conhecer; não há substituto para o automonitoramento que acontece milhares de vezes por minuto dentro do sistema mente-corpo.

A solução: fuja da dualidade "Eu estou bem" e "Eu tenho de ver um médico". Há diversas tonalidades de cinza, não apenas branco ou preto. Preste atenção nos sinais sutis do seu corpo. Leve-os a sério; não deixe de lhes dar atenção. Há diversos terapeutas que utilizam as mãos e as energias, e terapias corporais que tratam especificamente dos desequilíbrios sutis antes de eles alcançarem o estágio de doenças.

O envelhecimento provoca medo e perda de energia
Se o envelhecimento fosse somente físico, afetaria as pessoas da mesma forma em todo o mundo e em distintas épocas da história.

Mas isso está longe de ser verdade. Ao longo do tempo, o colapso corporal mudou muito de acordo com a época e o lugar. Para cada sintoma do processo de envelhecimento uma vez considerado normal, há algumas pessoas que escapam dele ou até o revertem. Por mais raro que seja, há indivíduos cujas memórias melhoraram com a idade; outros que ficaram mais fortes fazendo exercícios mesmo estando na casa dos 80 ou 90 anos; e outros, ainda, cujos órgãos funcionam como os de pessoas dez, vinte ou trinta anos mais novas.

Do ponto de vista físico, apesar dos imensos avanços de saúde pública que aumentaram a expectativa de vida, o corpo em si sempre foi capaz de atingir a longevidade. Os paleontólogos descobriram que os homens da Idade da Pedra morreram pela exposição às intempéries, aos acidentes e a outros fatores ambientais, como a fome. Sem essas influências externas, o homem pré-histórico poderia potencialmente viver tanto quanto nós – para tanto, considere as sociedades tribais que ainda vivem sem contato com a civilização moderna e que possuem alguns indivíduos que atingem os 80 ou 90 anos de idade.

Eis outra área onde a demasiada ênfase nos aspectos físicos do envelhecimento é míope. A criação da "nova velhice" nas últimas décadas foi em grande medida uma mudança de atitudes e expectativas. Quando os idosos são postos de lado como inúteis, acabados e indesejáveis, eles correspondem às expectativas. Esperando de forma passiva a decadência e a morte, seu declínio combina com o modelo imposto pela sociedade. A geração atual que está ficando velha rejeitou essas expectativas. Em uma pesquisa com os *baby boomers*, ou seja, a geração nascida após a Segunda Guerra Mundial, entre 1946 e 1964, quando perguntados a respeito da idade que consideravam ser o início da velhice, a média das respostas foi: 85 anos! As pessoas esperam estar saudáveis e sadias mesmo bem depois dos 70 anos de idade. Em geral, essa nova expectativa está se tornando realidade.

Se alguém contestar, apontando os avanços no tratamento médico dos idosos como a causa principal da maior expectativa de vida, duas respostas são possíveis; primeiro, esses avanços tornaram-

-se possíveis só depois que a medicina parou de abandonar os idosos; segundo, os médicos ainda ficam muito atrás da sociedade, no tocante a adotar a nova velhice, como demonstra a quantidade lastimosamente pequena de estudantes de medicina que escolhem a geriatria como especialidade. Todavia, sem dúvida nenhuma, quer seja considerado em nível social quer seja em nível pessoal, o processo de envelhecimento é muito influenciado por nosso estado de consciência.

A solução: torne-se parte da nova velhice. Os recursos para isso estão por toda parte; assim, falta de apoio não é a questão. O que é principal é a inércia e a resposta a isso. Ficar isolado e solitário não acontece para a maioria das pessoas da noite para o dia. A passividade e a resignação começam a se consolidar depois de meses e anos. A meia-idade tardia (agora expandida dos 59 aos 70 anos, se não depois) lhe dá tempo de elaborar a própria velhice, construindo a primeira metade da vida não para os anos de declínio, mas para valores interiores renovados e que podem ser expressos em atividades mais sábias e completas.

A morte é a perspectiva mais apavorante de todas
A última fronteira a ser conquistada pela consciência é a morte. Isso é inevitável, já que quase todos evitam pensar a respeito. Contudo, em um nível mais profundo, a morte parece estar imune à consciência. Afinal de contas, a mente não morre quando o corpo morre? O que é capaz de ter consciência disto: o término de si próprio? A resposta, é claro, é a vida após a morte. A grande promessa da vida após a morte é resumida nas palavras sedutoras de São Paulo: "Ó morte, onde está o teu aguilhão? Ó túmulo, onde está a tua vitória?". Quase todas as religiões do mundo ecoam a mesma promessa, ou seja, que a morte não tem a última palavra.

Entretanto, promessas acerca do futuro representam pouco para aliviar os medos que assomam aqui e agora. Se você tem medo de morrer, sua ansiedade está provavelmente escondida: você pode negá-la ou se recusar a sentir que isso é uma questão importante. Nenhum teste médico foi inventado para mostrar como as células são afetadas por um tipo exato de medo: o medo da morte em contraste como o medo de aranha, por exemplo. Porém, se você recuar, a influência mais difundida de toda a sua vida começa com a maneira como você se sente a respeito da vida e da morte. Assim que você define o bem-estar em termos holísticos, é inegável que ter medo da morte tem consequências, tais como sentir-se inseguro no mundo, ficar sempre alerta a ameaças, e considerar a morte mais poderosa do que a vida. Somente revertendo essas consequências, pode existir uma sensação profunda e permanente de bem-estar.

A solução: vivencie o significado da transcendência. Transcender é ir além do estado comum da vigília. Você já faz isso por meio de fantasias, devaneios, visões de futuro, imaginação e curiosidade acerca do desconhecido. Levando o processo um passo além por meio da meditação, contemplação e autorreflexão, você pode expandir a consciência para alcançar uma experiência de consciência pura. Depois de estar estabelecido ali, o medo da morte é substituído pelo conhecimento do estado de imortalidade. Isso é o que São Paulo quis dizer com "morrendo em direção à morte". Você não alimenta mais os medos nem lhes dá vida. Ao contrário, ativa o nível mais profundo de consciência e extrai vida disso.

A doença e o sofrimento precisam ser curados. No entanto, ao longo da vida, a chave do bem-estar é a habilidade de enfrentamento. Com habilidades de enfrentamento inadequadas, você se torna vítima de todo acidente, revés ou desastre. Com habilidades de enfrentamento fortes, você se torna resiliente diante do infortúnio, e a resiliência se mostrou repetidamente presente nas pessoas que sobrevivem à velhice com uma sensação de realização.

O enfrentamento começa na mente. Seu estado de consciência é a base de todos os hábitos mentais e de todas as atitudes. A partir disso, você desenvolve o comportamento de uma existência. A consciência contraída limita muito o comportamento; em última análise, é o motivo pelo qual as pessoas se entregam a atividades que põem em perigo sua saúde. Elas não conseguem vislumbrar uma saída porque estão presas a uma visão muito limitada de possibilidades. Falaremos muito mais a respeito das habilidades de enfrentamento nos próximos capítulos. A maioria das pessoas, infelizmente, não se considera dessa forma. Elas não descobriram a causa básica das doenças e sofrimentos. As recomendações usuais para melhorar nossos estilos de vida são bastante válidas, mas um nível maior de bem-estar acontece quando as pessoas utilizam a fonte verdadeira de toda a realização.

Sucesso

O sucesso é tão avidamente perseguido que você pode supor que ele seja bem entendido. Certas vantagens – nascer rico, ir para a faculdade certa, ter conexões sociais e comerciais – são, na maioria das vezes, consideradas caminhos para o sucesso. Entretanto, a pesquisa atenua esses fatores; eles não predizem o sucesso garantido, e algumas pessoas de sucesso alcançam o topo sem possuir nenhuma vantagem externa. Quando perguntados a respeito de como se tornaram bem-sucedidos, os homens de negócios importantes consideram a sorte o fator mais comum: eles estavam no lugar certo no momento certo. Isso significa que, se você quiser ser bem-sucedido, o melhor caminho pode ser se jogar nas mãos do acaso.

Se houver uma abordagem melhor para o sucesso, temos primeiro de perguntar o que ele é de fato. Uma definição simples, que evita muita confusão, é esta: sucesso é o resultado de uma série de boas decisões. Alguém que faz as escolhas certas na vida vai alcançar um resultado muito melhor do que alguém que faz escolhas ruins. Isso é válido apesar dos reveses e insucessos ao longo do caminho. Como toda pessoa bem-sucedida atesta, o caminho para o êxito pessoal foi marcado por insucessos temporários, dos quais ela tirou lições positivas e, por isso, foi capaz de avançar.

Então, o que é importante na hora de tomar uma boa decisão? Que escolhas asseguram um resultado positivo? Agora, chegamos ao cerne do mistério, pois não há fórmula para as boas escolhas. A vida é dinâmica e sempre muda. Muitas vezes, as táticas que funcionaram no ano passado ou na semana passada não funcionam mais porque as circunstâncias mudaram. As variáveis ocultas entram em jogo. Nenhuma fórmula é capaz de explicar o desconhecido, e, apesar dos nossos melhores esforços para analisar o que está acontecendo hoje, não é possível evitar o fato de que o amanhã é desconhecido. O desconhecido constitui, em si, um mistério. Os mistérios são divertidos na ficção; na vida real, porém, provocam uma mistura de ansiedade, confusão e incerteza.

A forma como você lida com o desconhecido determina quão bem você faz escolhas. Decisões ruins são o resultado de aplicar o passado ao presente, tentando repetir algo que funcionou antes. As piores decisões são tomadas ao aplicar o passado tão rigidamente que você fica cego para todo o resto. Podemos decompor as decisões ruins em detalhes. O que observamos é que cada fator está enraizado na consciência contraída. Por natureza própria, a consciência contraída é rígida, defensiva, limitada em escopo e dependente do passado. O passado é conhecido, e quando as pessoas não são capazes de lidar com o desconhecido, elas têm poucas escolhas além de se lembrar do passado, utilizando decisões e hábitos antigos como guia; um guia muito falível, como veremos.

Para cada fator que o detém, a solução é expandir a consciência, deixando a limitação para trás, no intuito de descobrir uma visão mais clara do problema. Antes de ler a lista a seguir, considere uma escolha realmente má que você fez, e meça-a em relação aos aspectos da consciência contraída aplicados à tomada de decisão.

Recordando as más escolhas
- Você tinha uma visão limitada do problema que enfrentou?
- Você agiu sob impulso, apesar do seu melhor juízo?
- Inconscientemente, você entrou em pânico por causa do medo de tomar a decisão errada?
- Quando obstáculos caíram do céu, apareceram de repente?
- Seu ego atrapalhou sua vida, tornando-o vítima do falso orgulho?

- Você reluta em enxergar quanto a situação mudou?
- Você se concentrou muito para parecer que estava no controle? Em um nível mais profundo, você sentiu que não estava no controle?
- Você ignorou outras pessoas que tentaram interrompê-lo ou procuraram fazê-lo mudar de ideia?
- Você ignorou um programa oculto, como, por exemplo, falhar para não ter de assumir total responsabilidade?

Esse questionário não tem a intenção de desencorajá-lo. Muito pelo contrário. Assim que você traz à tona as desvantagens da consciência contraída, a vantagem da consciência expandida torna-se evidente. Consideremos todos os fatores, um de cada vez.

Perspectiva limitada
Em qualquer situação, nunca temos informações suficientes. Nas escolhas difíceis, entram muitas variáveis. Como todos nós tomamos decisões com base em menos do que o conhecimento total, nossa perspectiva limitada nos impõe obstáculos. É possível superar, até certo ponto, tais limitações aprendendo mais acerca da situação em questão: uma atitude valiosa, até onde as soluções racionais alcançam. No entanto, imagine escolher seu companheiro de vida lendo, primeiro, um histórico detalhado sobre o passado dele, não deixando de fora nem um único dia desde que ele nasceu. Imagine escolher um emprego analisando primeiro cada decisão empresarial que seu possível empregador já tomou. Quanto mais variáveis se procura levar em consideração, mais ambíguo tudo parece.

A solução: leve em conta somente as informações que influenciam o sucesso ou o fracasso. Não existe nenhum modelo racional para fazer isso, mas, no nível da consciência pura, todas as variáveis estão sendo computadas ao mesmo tempo. Ao expandir a consciência, você não tem de classificar diversos fatores embaralhados. Os fatores críticos para tomar uma boa decisão surgem a partir da fonte que está dentro de você, não no ambiente externo.

Impulsividade

A ação sob impulso é emocional, e a maioria das más decisões é impulsiva. Não há mistério algum nisso (como diz um conhecido adágio: "Preparar, fogo, apontar"). Converter uma tomada de decisão em um processo racional é o Santo Graal de diversos cientistas, que consideram as emoções e a inclinação pessoal inimigas das escolhas feitas com visão clara. Contudo, todos os esforços dos cientistas fracassaram, pois as emoções estão entrelaçadas em todas as decisões. Se você estiver de bom humor, tenderá a pagar muito por um artigo, a comprar por capricho, a superestimar positivamente o futuro, e a ficar cego diante dos aspectos negativos da sua situação.

A resposta normal à inclinação emocional é o controle do impulso. A capacidade de controlar os impulsos é considerada um aspecto crucial da inteligência emocional. À primeira vista, há previsores para isso nos seres humanos desde uma idade muito precoce. Em um experimento, uma criança é informada que pode ganhar um doce naquele exato momento ou, se esperar quinze minutos, pode ganhar dois doces. Apenas uma porcentagem muito pequena de crianças aceita a segunda opção, mas essas são propensas a ter um bom controle dos impulsos ao longo da vida. Elas são capazes de distinguir entre gratificação imediata e retardada, e escolher esta última. O paradoxo é que, quanto melhor você controlar os impulsos, menos confiará em uma decisão impulsiva, e as decisões impulsivas se mostram mais corretas do que o contrário. A pausa para analisar uma decisão tende a resultar em escolhas piores, não melhores.

A solução: saiba quando escolher agora e quando escolher mais tarde. Isso não é algo que se encaixa em algum modelo. Certos impulsos conduzem a bons resultados; outros acarretam decepções. No nível da consciência pura, os impulsos estão alinhados aos resultados futuros, o que significa que o que você quer fazer neste exato momento se revelará como sendo o certo para o futuro. Com a consciência expandida, você tem o impulso correto espontaneamente. Caso contrário, reconhece de maneira instintiva que precisa fazer uma pausa e reconsiderar.

Medo de errar

Os bons tomadores de decisão são considerados destemidos e corajosos. Com isso em mente, a maioria de nós finge, tentando parecer mais confiante e seguro do que de fato se sente. As grandes fraudes da história tiveram sucesso pelo fato de aparentar completa autoconfiança. No entanto, na realidade, as decisões mais importantes são tomadas na presença do medo e da ansiedade: um passar de olhos pelas fotografias de Abraham Lincoln, durante a Guerra Civil Americana, e de Winston Churchill, durante a Segunda Guerra Mundial, é um testemunho da depressão, preocupação e aflição deles.

Se o medo for um fator inevitável, a questão real é como impedi-lo de destruir a clareza da mente. Em geral, uma pessoa cega pelo medo sente, no nível emocional, que um impulso poderoso deve ser seguido; ela tem muito medo de fazer qualquer outra escolha. O mais traiçoeiro é o medo oculto, pois você pode fazer a mesma má escolha de outra pessoa que está cheia de ansiedade, embora se iluda acreditando que não está ansioso. Nesse caso, o paradoxo é que escolhemos líderes que agem com o máximo de confiança, mas é quase garantido que eles tomarão decisões ruins devido à falta de autoconhecimento.

A solução: ache em si o nível em que realmente não sente medo. Ele se situa a uma grande profundidade. Na superfície, a mente está incontrolável, agitada sob os efeitos da ansiedade. Um nível abaixo desse, a voz do medo fala sempre a respeito dos riscos, dos fracassos e dos piores cenários possíveis. No próximo nível, outras vozes fazem a defesa da realidade, mostrando que o medo é conveniente, mas nem sempre certo. Só quando você consegue transcender esse nível e alcançar o verdadeiro eu é que enxerga cada situação sem medo. Isso ocorre porque o medo vem do passado, surgindo da memória da dor. O verdadeiro eu vive no presente, portanto não possui contato com dores e feridas antigas. Na clareza, você pode vislumbrar que os riscos e os cenários ruins existem – eles não são empurrados para o lado ou negados –, entretanto, ao observar os aspectos negativos, não há coloração de medo.

Obstáculos e reveses inesperados
No estado da consciência contraída, a incerteza é o inimigo. Você não sabe como as outras pessoas vão se comportar, e, mesmo se obtiver um juramento com promessas de certa maneira de agir, o comportamento das outras pessoas no futuro será sempre imprevisível. A sociedade é um fluxo constante entre coisas que permanecem mais ou menos confiáveis e coisas que ninguém prevê. A assim chamada "teoria do cisne negro" acredita até que a história é determinada quase sempre por eventos totalmente surpreendentes e anômalos, que ninguém podia ter previsto. As pessoas parecem se sentir da mesma maneira em relação às próprias biografias; como mencionei antes, os mais bem-sucedidos entre nós atribuem sua ascensão à boa sorte.

Mais comum do que a boa sorte é a má sorte ou a falta dela. A popularidade da lei de Murphy deve-se à inevitabilidade dos obstáculos, embora não exista realmente uma lei natural de que, se alguma coisa puder dar errado, com certeza dará. O pessimismo cego é tão infundado quanto o otimismo cego. Entretanto, uma grande quantidade de sucesso envolve a capacidade de lidar com reveses imprevisíveis. Os melhores casamentos não têm nada a ver com o fato de serem perfeitos, mas com as habilidades de enfrentamento. Todos têm o direito de se comportar de modo errático, e se isso resultar em conflitos, exigir que as outras pessoas voltem aos trilhos e se comportem de modo previsível não funciona. E funciona menos ainda fugir da vida porque você não é capaz de lidar com os golpes.

A solução: faça da incerteza sua aliada, não sua inimiga. Todos os saltos à frente dependem de alcançar o desconhecido. Assim que você enxergar o desconhecido como a fonte da criatividade, você não vai mais temê-lo. Em vez disso, você acolhe positivamente o fato de que a vida se renova de maneiras inesperadas. Contudo, essa atitude não pode ser aplicada de forma arbitrária. Os obstáculos inesperados refletem a incapacidade genuína de enxergar mais fundo, e aquilo que você não consegue enxergar não tem o poder de ajudá-lo. A consciência expandida é necessária para abrir um canal para a criatividade subjacente que existe dentro de você.

Ego

"Se você quiser que os outros o sigam, aparente ser uma lenda viva". "Quanto maior seu ego, mais pessoas o utilizarão como protetor". A natureza humana parece forçar aqueles que se sentem fracos a entregar ainda mais o seu poder. No entanto, o ego é quase tão ruim na tomada de decisões quanto o medo. Este superestima os perigos, enquanto aquele não admite que os perigos existem. Sob o domínio do ego, uma pessoa deve atuar constantemente. A única coisa em que o ego é bom é na construção de uma imagem, e as imagens exigem que você apresente um espetáculo em que as outras pessoas acreditarão.

É exaustivo devotar tanta energia para ser um vencedor, ainda mais energia deve ser despendida para manter a insegurança acuada. Alguém que já se aproximou de celebridades mundialmente famosas sente a irrealidade que as cercam, e, sem realidade, não há base para boas decisões. Ironicamente, as pessoas famosas fazem más escolhas porque todos que as cercam dizem sim para tudo. A liberdade ilimitada é um estado espiritual; quando o ego finge ser ilimitado, ele não é livre, mas sim prisioneiro de uma ilusão.

A solução: atue a partir do eu verdadeiro, onde o "Eu" não é mais pessoal. Em vez disso, o ego do verdadeiro eu é simplesmente um foco para a percepção; você possui uma perspectiva única sem precisar investir nela. Com a expansão da consciência, o ego não morre, mas muda de ocupação. A antiga ocupação era cuidar do "Número 1"; a nova ocupação é prestar atenção em toda a situação. Você não tem mais aquele interesse pessoal no mundo. Seu objetivo é se beneficiar, mas sem causar danos aos outros. De modo ideal, o que você quer gera benefícios para todos. Contudo, esse ideal só é alcançado no nível da consciência pura. Em qualquer outro nível, há dualidade, e, nesse caso, há um conflito entre o "eu" e o "você", pois cada um busca interesses próprios distintos. Na consciência expandida, você dá um passo que se aproxima mais da unificação da dualidade, e, quando isso acontece, o conflito entre os eus distintos começa automaticamente a ser solucionado.

Relutância de mudar e se adaptar
A adaptação chega naturalmente ao corpo, como vimos. Para uma célula sobreviver, ela deve reagir às mensagens que chegam a cada minuto. Nossas mentes, porém, não vivem completamente à vontade no momento. Como uma larva, que mantém metade do seu comprimento em uma folha enquanto alcança a outra metade em uma nova folha, recorremos ao passado para orientar o presente. Essa tática funciona em situações em que você precisa se lembrar de uma habilidade; seria inútil, por exemplo, decidir que conduzir um carro deve ser aprendido todos os dias. Evidentemente, todo o conhecimento é uma acumulação; você constrói sobre o passado a fim de conhecer mais no presente.

O problema se origina é psicologicamente. O passado é seu inimigo psicológico quando o "ensina" que as antigas feridas, humilhações, fracassos e obstáculos são relevantes para o presente. A maioria das pessoas sabe o valor de ser adaptável. Poucos de nós afirmam em uma reunião que são rígidos; declaramos externamente que somos flexíveis. Mesmo assim, percebemos que tomamos decisões com base no passado, o que significa que, atrás de cada mente aberta, existe uma mente firmemente fechada.

Uma mente fechada não é como uma mão fechada, que você pode abrir voluntariamente. Alguma coisa dentro de você lhe diz que *deve* ficar fechada. Isso é difícil de entender se não o está afetando. Se você não tiver nenhum preconceito racial, étnico ou religioso, você não será capaz de compreender facilmente que o preconceito se sente involuntariamente. A escolha não é uma opção. A realidade em si é imposta pelo preconceito, de modo que a mera visão de uma pessoa de raça, religião ou etnicidade diferente é enredada com crenças preconceituosas. Da mesma forma, a fusão do passado e do presente em nossas mentes ocorre inconscientemente. Mesmo de modo mais traiçoeiro o pensamento rígido atua como um muro defensivo, transformando novas ideias em ameaças, só pelo fato de serem novas. Abrir mão de antigos hábitos é equiparado com derrota pessoal ou exposição a um inimigo.

A solução: viva a partir do nível do eu o qual é sempre presente. Você não pode pretender que seu passado desapareça. Todas as pessoas se arrastam em torno do fardo da memória. Mesmo se você puder apagar as dores e os fracassos do passado, não seria possível tornar sua amnésia seletiva. Você também perderia os aspectos positivos do passado, incluindo a educação emocional, o desenvolvimento pessoal e o conhecimento acumulado. As memórias, para o bem e para o mal, estão entrelaçadas no eu pessoal. Felizmente, o verdadeiro eu não tem de ser culpado por causa da experiência pessoal. Ele existe em si mesmo e a partir de si mesmo; é o veículo da consciência pura. Quanto mais a consciência se expande, mais leve fica o fardo do passado. Você descobre espontaneamente que a atenção está concentrada no presente, do qual emergem todas as possibilidades criativas.

Perda de controle
Estar no controle é um assunto problemático. Algumas pessoas, que psicologicamente recaem na categoria dos tipos controladores, não conseguem se sentir à vontade nem mesmo com pequenas quantidades de caos e imperfeições. Elas exageram na tentativa de controlar outras pessoas e seu meio. Outro tipo de personalidade ignora o autocontrole e cria um ambiente que quase não tem limites ou estruturas. Os dois são exemplos de consciência contraída, cada um de uma maneira diferente.

Os problemas surgem quando o controle é perdido ou se torna muito dominante. A maioria de nós nunca faria uma escolha que exclui o autocontrole. Para alguns, isso significa pular de uma avião com um paraquedas, para outros isso significa investir em um empreendimento de risco, como poços de petróleo. O risco e o controle estão intimamente relacionados. Quando a tolerância ao risco é superada, o que acontece? Um risco racional torna-se uma ameaça, e, diante de ameaças, sentimos que não estamos mais no controle. Quanto mais contraída for a consciência, menos confiável é a noção de risco. Dessa maneira, você se sente muito ameaçado, mesmo por riscos pequenos, e acaba tomando decisões dentro de limites estreitos. Paradoxalmente, quando você se sente realmente paralisado, é o momento em que você tende a agir de forma arrojada; sua decisão súbita, quase sempre uma má decisão, é tomada porque você quer fugir do estresse de não tomar uma decisão.

A solução: substitua o risco pela certeza. Você não terá preocupações a respeito da perda de controle se não se sentir ameaçado. Assim que você estiver seguro a respeito de si, as ameaças externas não existirão mais, pois a ameaça é como o medo, e saber quem é você é um estado sem medo. Quem é você é o eu verdadeiro. A consciência expandida o leva para mais perto do eu verdadeiro; portanto, o medo diminui. Quando isso acontece, a questão do controle diminu, e você vivencia um estado de maior liberdade. A realidade pode estar além do seu controle – sempre estará – e você se sente à vontade se juntando.

Oposição de outras pessoas
As más decisões são tomadas quando você não sabe a quem escutar. As piores decisões são tomadas quando você nem mesmo consegue decidir em quem confiar. Sempre existirão vozes conflitantes; de fato, um acordo total é suspeito sempre que ocorre. Alguém não está falando a verdade. Diante de opiniões muito diferentes, a maioria das pessoas escolhe aquelas com que já concordam. Se você recordar das vezes que pediu conselhos, provavelmente, descobrirá que aquilo que você realmente queria era permissão para agir da maneira que agiria de qualquer jeito. A motivação não era obter o melhor conselho; você queria se sentir bem a respeito de uma escolha que continha um elemento de dúvida, vergonha ou culpa.

A consciência contraída é isolante. Você está mais sozinho, com pensamentos e crenças completamente particulares. Um efeito do isolamento é que as outras pessoas parecem estar muito longe. Você não é capaz de se aproximar delas; às vezes, você não consegue nem mesmo achar uma maneira de se comunicar com elas. O exemplo mais comum envolve os adolescentes, que se isolam dos pais conforme se deslocam da dependência da infância para a independência da vida adulta. A adolescência é o limbo entre aqueles dois estados; quando ninguém parece estar do seu lado, exceto outros adolescentes. O isolamento da velhice assemelha-se ao de um adolescente na atitude compartilhada de "ninguém me entende" (um motivo pelo qual as pessoas muito velhas são, às vezes, o único refúgio dos adolescentes).

A solução: entenda-se completamente. É inútil procurar ser completamente entendido pelos outros. Ninguém mais tem tempo de entender de onde você está vindo, exceto de uma maneira bastante individual. E mesmo se você passar algum tempo com a pessoa mais empática do mundo, alguém que quer entendê-lo até o último detalhe, o que seria alcançado? Ela teria pleno conhecimento de uma pessoa que foi construída a partir de circunstâncias casuais do caminho, uma coleção vacilante e rudimentar de antigas experiências. Entender-se de verdade é conhecer o eu verdadeiro. Com esse conhecimento vem a confiança completa em si mesmo. Depois disso, as opiniões dos outros podem ser consideradas sem ameaça, e você terá um guia interior confiável, que lhe permite avaliar corretamente, sem inclinações pessoais indevidas, o que as vozes conflitantes estão lhe dizendo. Ainda mais importante: aquelas outras vozes serão muito menos litigiosas. O segredo de atuar a partir da consciência expandida é que você já está alinhado com a escolha certa. Os outros são capazes de sentir isso, o que os torna mais dispostos a cooperar.

Agendas pessoais ocultas

A maioria dos adultos tem experiência suficiente para julgar quando outra pessoa possui uma agenda. Em geral, as agendas se dividem em categorias previsíveis. Há as agendas dos doadores e dos tomadores, dos ambiciosos e dos tímidos, dos egoístas e dos abnegados. É fundamental para a sociedade que as agendas sejam conhecidas por todos. Caso contrário, as dúvidas e as suspeitas desempenham papéis muito importantes. A cooperação desmorona quando você não pode confiar nas motivações das outras pessoas. De forma básica, suas próprias motivações consistem em obter o que você quer, transformando seus sonhos em realidade.

O problema é que algumas agendas são ocultas, mesmo para as pessoas que as têm. Ficamos aprisionados na armadilha entre "Eu devo" e "Eu não quero". Se você tiver de ser amado ou bem-vindo, talvez você não perceba o quão intensamente aquele "eu devo" o afeta; mas, se você tiver de despedir um funcionário, dizer não para uma criança que pede dinheiro ou adotar uma posição impopular a respeito do casamento entre pessoas do mesmo sexo, por exemplo, sua agenda oculta tornará essas ações difíceis, se não impossíveis. Considere os avarentos e os habitualmente mesquinhos. Interiormente se oculta o medo da falta, e desde que esse medo não esteja sendo confrontado, a falta é encenada. Nenhuma quantidade de acumulação ou mesquinharia compensará a falta, que é psicológica, não material. Todas as agendas ocultas são psicológicas e, quaisquer que sejam elas, levarão a más decisões por causa do estado contraído do qual elas vêm.

A solução: renuncie às agendas pessoais. Isso envolve trazê-las à tona primeiro. Em seguida, você deve revolver as pedras e observar o que está oculto debaixo delas, que quase sempre é o medo. O medo é a força mais poderosa que contrai a consciência de uma pessoa; ele exige que recuemos, coloquemos barreiras e nos defendamos. No entanto, você terá muito mais facilidade de abdicar das agendas ocultas se expandir sua consciência. Trazer à luz é sempre melhor do que lutar no escuro. O verdadeiro eu é a fonte de luz, e você precisa descobrir que o verdadeiro eu está ao alcance. Nada é mais verdadeiro do que o ensinamento de Jesus, "Eu sou a luz do mundo", e mesmo assim parece mais fácil acreditar que a luz vem de fora de nós mesmos. Quase tão difícil quanto invocar sua escuridão é invocar sua luz. Felizmente, a luz é intemporal, e, mesmo que você dê as costas a ela, as mensagens do verdadeiro eu nunca deixarão de ser enviadas.

O sucesso absoluto é viver na luz de modo permanente. Então, não existem limites rígidos, medos, limitações. Como em relação a tudo, o sentido de nossas vidas é perceber quem somos. Uma vez que você se consolida em seu próprio ser, os conflitos que impedem o sucesso desaparecem. Da próxima vez que você tiver êxito em alguma coisa, mesmo que seja fazendo uma criança sorrir ou apreciando um pôr do sol no mar, lembre-se que você deu um passo que chegou mais perto da medida real do sucesso; a consciência pura que é sua fonte, e é a fonte de toda felicidade que você já vivenciou.

A essência

Em geral, o sucesso é imprevisível. Muitos fatores o criam, e alguns, como *timing* e oportunidade, parecem ser aleatórios. Mas o que é o sucesso? Uma série de decisões que conduzem a um resultado positivo. Se a tomada de decisão puder ser maximizada, o sucesso será muito mais provável.

As decisões baseadas na consciência contraída provavelmente não dão certo, por causa dos seguintes inconvenientes:

- Perspectiva limitada
- Impulsividade
- Medo do fracasso
- Obstáculos e reveses inesperados
- Ego
- Relutância de mudar e se adaptar
- Perda de controle
- Oposição de outras pessoas
- Agendas pessoais ocultas

Com a expansão da consciência, cada um desses inconvenientes começa a diminuir, e as decisões começam a ser apoiadas em um nível mais profundo. Na consciência pura, todas as decisões estão em sincronia com o universo e as leis subjacentes que governam os mundos interior e exterior.

Desenvolvimento pessoal

Chegar mais perto do verdadeiro eu traz muitos benefícios práticos. Até agora, enfocamos o lado prático, pois é fundamental para a espiritualidade solucionar os problemas reais enfrentados pelas pessoas. No entanto, se você fosse um pai criando um filho pequeno, seria míope pensar a respeito de andar, falar e ler somente como coisas práticas. Não dizemos para um bebê: "Comece a andar. Você vai precisar correr atrás de um ônibus para chegar ao trabalho". A passagem da infância para a puberdade, da adolescência para a maioridade é valiosa em si mesma. A vida se desdobra em toda sua riqueza enquanto nós nos desenvolvemos. Os mundos interior e exterior se enredam num processo único conhecido como vida.

A *espiritualidade* possui seu próprio valor, que deixa de lado todas as considerações práticas. Quando você está sozinho, não enfrentando problemas ou crises, a situação não requer soluções. No entanto, a necessidade por espiritualidade é maior do que nunca. Quando você considera o que significa existir, o verdadeiro eu dá um sinal. Ele pode lhe dizer quem você é realmente, e nada é mais valioso. Esse é um grande veredito, eu sei. Ninguém pode passar uma vida inteira gratificante ignorando a charada de "Quem sou eu?" Ou, para ser mais exato, as pessoas respondem à pergunta identificando-se com o eu cotidiano. O "Eu sou" pode vir acompanhado de inúmeras palavras que se aplicam à existência comum. Eu sou meu trabalho, meus relacionamentos, minha família. Eu sou meu dinheiro e bens, meu status e importância. Na equação, você pode agregar raça, etnicidade, política e religião. O eu cotidiano é uma mala abarrotada com todos os pensamentos, sentimentos, memórias e sonhos que você já teve.

E mesmo assim, com tudo isso, o verdadeiro eu não foi realmente tocado. A alma, a essência, a fonte – qualquer que seja o nome –, sua identidade mais profunda não se expande sem o desenvolvimento pessoal. A espiritualidade é voluntária, e, na era moderna, a grande maioria das pessoas opta pelo não. Agora que já abordamos os motivos práticos da opção pelo não, é o momento de vermos se o verdadeiro eu merece ser procurado pelo valor próprio e não só pelo que ele pode alcançar. Os ideais sublimes também não são aquilo que precisamos. Precisamos, sim, vivenciar o verdadeiro eu e afirmar: "Eu o escolhi acima do meu eu cotidiano". Um novo tipo de autoestima está implícito, e também um tipo de amor superior. A felicidade de simplesmente existir, se você conseguir vivenciar isso, seria escolhida por qualquer pessoa ao invés dos altos e baixos da existência comum; a frágil felicidade que é sempre acompanhada pela tristeza, ansiedade e decepção.

O eu cotidiano já está inundado de experiência. Chegar a um nível mais profundo exige um processo que o leva mais alto. No dia a dia, você deve se orientar para crescer nas áreas relacionadas a seguir:

Um caminho para o verdadeiro eu
- Maturidade – dar origem a um adulto independente
- Propósito – achar uma razão para estar aqui
- Visão – adotar uma visão de mundo para viver de acordo com ela
- "Segunda atenção" – enxergar através dos olhos da alma
- Transcendência – ir além da mente inquieta e dos cinco sentidos
- Liberação – ficar livre da "ilusão da realidade"

O sucesso nessas áreas depende de você realmente querer que elas se desenvolvam. O desenvolvimento pessoal envolve as mesmas coisas que entram no aprendizado de como tocar piano ou dominar a culinária francesa: desejo, motivação, prática, repetição e disciplina. Esta é a vida que você quer transformar. Uma geração atrás, era incomum escutar alguém falar acerca de desenvolvimento pessoal nesses termos. "Descobrir seu potencial verdadeiro" estava só emergindo como uma máxima, juntamente com "conscientização". Podemos dizer que algum desses termos mostrou para as pessoas como alcançar o objetivo? Será que milhares de pessoas que procuraram e aspiraram isso conseguiram se transformar? Infelizmente, a resposta, em geral, é não. Para encontrar o sucesso, você deve adquirir um atributo que o protege da volubilidade, da ilusão, da permissividade e da perda de motivação. Esse atributo é a sobriedade. A sobriedade é uma combinação de intento sério e realismo. É um estado expandido da consciência que tem de ser cultivado. Se você não agir de forma coerente, permanecerá num estado contraído do tipo conhecido como "existência cotidiana".

A seguir, aplicarei a sobriedade para cada ponto da lista precedente.

Maturidade

A maturidade não é um estado físico, mas sim psicológico. Envolve coisas como equilíbrio emocional, autossuficiência, moderação e posse de presciência. Não se espera que as crianças tenham essas coisas. Os adolescentes se movem de modo errático em seus caminhos. Se a jornada não for concluída, você poderá ter cinquenta anos e continuar vendo o mundo através da mente de um garoto de quinze anos. As exigências da vida cotidiana tendem a trabalhar contra a maturidade. Há muitas distrações e pressões que a pessoa pode usar como desculpa.

Você pode até dizer que, atualmente, a sociedade desvaloriza a maturidade. Os meios de comunicação de massa criam a ilusão de que ser jovem e moderno é muito mais interessante. Em comparação, não chegar atrasado no trabalho ou ficar após o expediente para terminar alguma tarefa é muito chato. No entanto, na realidade, a juventude é mais estressada e ansiosa do que qualquer outra fase da vida. A imaturidade começa com o brilho da juventude, mas diminui ao longo dos anos, pois permanecer imaturo significa perder a curva de aprendizagem que lhe permite controlar a vida. A *maturidade* não se parece com o mundo espiritual, mas a menos que o caminho espiritual seja fundamentado na psicologia madura, rapidamente se evapora em sonhos nebulosos.

Alcançar a maturidade significa que você pratica o seguinte no dia a dia: assume a responsabilidade por si mesmo. Proporciona as coisas necessárias da vida sem depender dos outros. Defende os valores morais e desempenha o papel de manter a sociedade unida, começando com a unidade básica da sociedade: a família. Trata os outros com respeito e espera o mesmo em troca. Comporta-se de modo correto e trabalha a favor da justiça em todas as situações. Aprende o valor da contenção e do autocontrole.

Propósito
Quase ninguém vai dizer que leva uma vida sem propósito. Não damos um passo adiante ao acaso. Nossas vidas são moldadas em torno de objetivos a curto e longo prazos. No entanto, apesar disso, num nível mais profundo, inúmeras pessoas se perguntam por que estão aqui. Elas sentem a nostalgia de um tempo passado, em que ser um bom cristão, obedecer as leis de Deus, encaixar-se na sua classe social ou defender seu país – entre muitos outros tipos de propósitos triviais – eram suficientes para dar sentido à vida. Somos deixados para descobrir o próprio objetivo, uma pessoa por vez. A nostalgia é inapropriada. Sempre foi verdade que o propósito real da vida devia ser descoberto por meio da busca pessoal.

Mostrei o verdadeiro eu como um objetivo merecedor de dedicação. Fora isso, você pode achar um propósito simplesmente por meio do crescimento e do desenvolvimento. Ao dirigir o olhar para o horizonte invisível, o objetivo pode ser tão profundo quanto alcançar a iluminação. Se você estiver desconfiado do que lhe disseram a respeito de qual deveria ser seu objetivo de vida, isso é saudável. O máximo que uma pessoa deve aceitar é a inspiração, que também é o máximo que alguém pode dar. A questão é permanecer consciente do propósito, independentemente de qual seja. A existência cotidiana tende a obscurecer nosso propósito de estar aqui, esmagando-o diante das demandas práticas rotineiras. O objetivo só sobrevive quando se presta muita atenção a isso.

Alcançar o objetivo significa que você pratica o seguinte no dia a dia: no mínimo, faz alguma coisa de modo desinteressado. Lê um trecho da Bíblia, de poesia ou de prosa inspiradora que o faz se sentir enaltecido. Compartilha ideais com uma pessoa aparentemente receptiva. Sem proselitismo, expressa o propósito de estar aqui; procura inspirar com recato e não convencer por meio da força. Ajuda seus filhos a encontrar o objetivo deles; mostra-lhes que isso é importante. Aja a partir dos valores mais elevados. Não caia no nível daqueles que criticam você ou se opõem a você.

Visão

Na juventude, decorei um verso de Robert Browning que, no tempo dos nossos avós, era um poeta muito conhecido: "O alcance de um homem deveria superar sua compreensão, ou para que serviria o céu?" O contexto religioso pode ter desaparecido, mas ainda é necessário aspirar. As aspirações mais elevadas abordam o lado visionário do verdadeiro eu. É claro que há aspirações práticas que não são visionárias, tais como aspirar ser sócio de um escritório de advocacia ou ganhar um bilhão de dólares. As aspirações materiais ocupam a linha de frente da mente das pessoas. No entanto, ao alcançá-las, as pessoas não chegam ao céu ou a qualquer outro terreno superior. A lacuna entre a vida cotidiana e a alma permanece grande. O anseio por algo maior não é realizado.

Uma visão é maior do que um propósito. Abarca uma visão de mundo, o que implica em ação. Você se afasta da visão de mundo daquelas pessoas que não compartilham a mesma visão. Percorrer o caminho espiritual o vincula com gerações de outros visionários. Ao mesmo tempo, porém, você não pode cavalgar dois cavalos, por isso: abdicamos das demandas da vida material. Isso não é igual a abrir mão do conforto e do sucesso. Um tipo de visão enxerga uma separação tão grande entre o mundano e o espiritual que o materialismo se transformou num inimigo da alma. Felizmente, há outro tipo de visão que fala sobre renúncia, não dos meios físicos, mas como uma nova orientação. Você investe o valor superior no crescimento espiritual, mas mantém a vida cotidiana e até mesmo permanece engajando nela plenamente. Isso é o que significa estar no mundo, mas sem ser do mundo.

Alcançar a visão significa que você pratica o seguinte no dia a dia: enxerga além dos eventos cotidianos na direção de um sentido superior. O que a alma está tentando lhe dizer? Questione os hábitos de consumo. Ponha o sucesso material no devido lugar. Invista um tempo para estar com você mesmo. Coloque os valores à prova, confiando que o universo ou Deus cuidarão de você. Valorize o momento presente. Enxergue os outros ao redor como reflexos da sua realidade interna. Leia com atenção os textos sagrados e a literatura que expressa sua visão.

"Segunda atenção"

Estar no mundo, mas sem ser do mundo, tem de ser real e não simplesmente um ideal. Somos engolfados pelo mundo material e por suas exigências. Como podemos colocar isso no devido lugar e ainda ganhar dinheiro com o trabalho, criando uma família e desfrutando de alguns confortos? A resposta reside no nível de atenção. As coisas que você considera mais importantes chamam sua atenção, e, em essência, tornam-se seu mundo, sua realidade. Para uma pessoa obcecada com a carreira, o trabalho torna-se sua realidade, pois é aquilo a que ela presta mais atenção. Em uma época de fé, Deus torna-se real pelo mesmo motivo. As pessoas não necessariamente conhecem Deus pessoalmente ou têm experiências do divino, mas passam muitas horas do dia em devoção ou fazendo o trabalho Dele. Em termos espirituais, esse foco concentrado, com um só objetivo, pode ser denominado "primeira atenção". Mas há um sabor diferente de consciência, por assim dizer, conhecido como "segunda atenção". Por meio da segunda atenção você enxerga através dos olhos da alma. Em resumo:

Primeira atenção: nesse nível de consciência, a pessoa enfoca eventos do mundo físico, persegue desejos individuais, aceita valores sociais ligados à família, ao trabalho e à religião, enxerga o mundo em termos lineares, atuando por meio de causa e efeito, e aceita os limites de tempo e espaço.

Segunda atenção: nesse nível de atenção, a pessoa transcende o mundo físico, segue a intuição e os *insights*, aceita a alma como base do eu, procura sua origem no eterno, aspirar estados superiores de consciência, e confia nas forças invisíveis que conectam o indivíduo ao cosmos.

A segunda atenção se conecta ao verdadeiro eu e o leva à essência da realidade. Essa essência nunca pode ser destruída ou completamente suprimida. A alma espera a ressurreição não mediante um fim apocalíptico dos tempos, mas por meio de cada indivíduo que começa a despertar.

Alcançar a segunda atenção significa que você pratica o seguinte no dia a dia: escuta a parte mais silenciosa de si mesmo, confiando que sua mensagem é verdadeira. Confia menos no mundo físico, e mais no mundo interior. Aprende a se centrar. Não toma decisões se não estiver centrado. Não começa a agir freneticamente por resultados; os resultados vêm de um nível mais profundo do ser. Liga-se ao menos com uma pessoa a partir da alma. Procura a comunhão silenciosa consigo mesmo e com o meio. Passa um tempo no mundo natural, absorvendo sua beleza. Enxerga para além da máscara de personalidade que as pessoas usam em público. Manifesta sua verdade do modo mais simples possível.

Transcendência

Transcender significa ir além, mas como você realmente sabe se conseguiu a transcendência? Numa parábola da minha infância, um homem santo entra numa caverna e fica ali até o dia em que alcança o acalentado objetivo da iluminação. Ele mal consegue esperar o momento de dar a boa notícia aos moradores do vilarejo do vale.

Durante toda a descida pela encosta da montanha, o homem santo se sente em êxtase. Passando pelo mercado, no caminho para o templo, alguém o empurra acidentalmente pelas costas.

"Saia do meu caminho!", o homem santo grita com muita fúria. Então, ele para, pensa por um instante, e dá meia-volta para voltar para a caverna outra vez.

Essa história pode ser lida como uma parábola a respeito do falso orgulho, mas também é acerca da transcendência. Se você estiver realmente fundado no verdadeiro eu, as situações rudes do mundo cotidiano não o abalarão. Você se sente desprendido, mas não porque você não se importa ou porque você fechou a mente. O distanciamento espiritual significa que você enxerga o mundo de um lugar intemporal. O lugar não é uma caverna no topo de uma montanha longínqua. Não pode haver outro lugar para isso exceto dentro de si mesmo. Em termos práticos, transcender envolve achar esse lugar, conhecê-lo e transformá-lo no seu lar.

Os métodos tradicionais de transcendência conduzem à segunda atenção. Eles são: meditação, contemplação e introspecção. O tempo não tornou esses métodos antiquados, mas é inegável que à medida que a vida fica mais estressante, à medida que o mundo cotidiano fica mais barulhento e mais rápido, as pessoas têm menos tempo para meditação. Mesmo reservando alguns minutos, o dia de certa forma escapole, e as melhores intenções são esquecidas. Seria inquietante se o desenvolvimento pessoal não pudesse ser alcançado por causa de distrações externas. Mas o desenvolvimento pessoal não pode ser destruído, só postergado. Desde que o verdadeiro eu seja real, seremos atraídos por ele, pois, no fundo do coração, cada um de nós possui uma ânsia pela realidade. Não queremos basear nossas vidas na ilusão. Ir além, então, não consiste em uma prática espiritual organizada. Consiste, sim, em seguir a própria natureza, conforme você busca maior felicidade e realização. As práticas espirituais não têm valor exceto como ajuda para levá-lo ao seu objetivo.

Concordo plenamente com o ensinamento de que a meditação verdadeira acontece 24 horas por dia. Há muito valor em reservar um tempo para se sentar em silêncio e vivenciar um estado interior mais profundo. No entanto, assim que você abre os olhos, renovado e mais centrado, que proveito você terá de se lançar de volta ao estresse e à tensão? A questão decisiva é como trazer o silêncio interior para o mundo real e mudar as coisas. Essa é a parte que toma 24 horas, pois é uma ocupação de tempo integral se conscientizar de quem você é realmente. Também é uma ocupação prazerosa, e é o projeto mais fascinante que você pode empreender para si mesmo.

Alcançar a transcendência significa que você pratica o seguinte no dia a dia: permanece centrado. Repara nas influências externas que estão chamando sua atenção. Quando tomado por uma forte emoção ou impulso, para por um instante e volta a si mesmo. Afasta-se de situações estressantes, quando possível. Não fica em uma situação que o deixa tão desconfortável que você deixa de ser você mesmo. Não cede à ansiedade dos outros. Fica atento ao fato de que você é mais do que um conjunto de reações em relação ao ambiente – você é uma expressão do verdadeiro eu, sempre. Em todas as situações em que você se sentir confuso, pergunte: "Qual é o meu papel aqui?" Antes de descobrir, não aja, nem tome decisões. Relaxe até a realidade começar a se revelar um pouco mais.

Liberação
Num veio espiritual, afirma-se que a criação é o eterno jogo dos opostos: o bem *versus* o mal, a luz *versus* a escuridão, a ordem *versus* o caos. No entanto, o drama decisivo é representado pelo conflito entre ilusão e realidade. Ninguém acorda achando que será um bom dia para viver na ilusão. Supomos que nossa realidade pessoal é real, e, por isso, acreditamos que tudo que vemos, escutamos, tocamos, saboreamos e cheiramos é real. A ciência moderna já forneceu uma base para a dissolução do mundo físico. Todo objeto sólido desaparece em feixes invisíveis

de energia quando você se aprofunda no nível subatômico, e além disso, mesmo a energia se desintegra numa construção que não têm limites no tempo e no espaço, a assim chamada função de onda.

Se você quiser levar uma vida baseada na realidade, o fato de que o mundo físico é uma ilusão não poderá ser considerado meramente como um fato curioso, a ser ignorado enquanto você continua a fazer o que sempre fez. Da mesma forma que a matéria desaparece à medida que você vai se aprofundando, o mesmo acontece com o tempo e o espaço. Eles brotam do vácuo quântico, um vazio que aparentemente não contém nada, mas que, na realidade, serve como origem de todos os eventos desde o *big bang*, juntamente com infinitas possibilidades que ainda não emergiram no cosmos. Nas tradições espirituais do mundo, o estado de possibilidades infinitas não é uma condição distante, inimaginável, mas sim o próprio estado fundamental da existência.

O verdadeiro eu liberta esse estado de infinitude, pois o retira da limitação, assentando-o numa realidade que é intemporal, sem limites, e infinita nas possibilidades. Toda a questão de ilusão *versus* realidade deve se tornar pessoal se você quiser ser livre (discutiremos isso na seção final deste livro). O primeiro passo é um momento de desilusão. Você admite que não conhece realmente a base da sua existência. Ao se render àquilo que não conhece, você permite que o conhecimento comece a fluir. Esse é o verdadeiro significado da rendição. Você é como um prisioneiro que encara quatro paredes iluminadas por uma janelinha no teto. O prisioneiro enfrentará a realidade se admitir que está na prisão.

Mas e se ele não admitir? E se ele achar que a cela é todo o mundo? Então, sua noção de liberdade seria insana. A mesma conclusão se aplica a cada um de nós em nossas vidas limitadas, mas não nos rotulamos como insanos. Afinal, todas as pessoas que conhecemos aceitam estar aprisionadas como um fato normal. Apenas um pequeno e estranho grupo de santos, sábios e visionários emite um grito alto de liberdade. Quando você escutar esse grito, o começo da transformação está perto. A liberação é real porque o intemporal é real, mais real do que qualquer coisa detectada por seus cinco sentidos.

Alcançar a liberação significa que você pratica o seguinte no dia a dia: enxerga além da sua limitada situação. Assume como primeiro princípio que você é uma criação do universo. Concentre-a naqueles momentos em que você se sente livre, alegre, ilimitado. Diz a si mesmo que você tocou o que é verdadeiramente real. Procura o amor como direito inato, juntamente com a felicidade e a criatividade. Dedica-se a explorar o desconhecido. Sabe que há algo infinitamente precioso além do alcance dos cinco sentidos.

Alguém pode protestar: "Como posso mudar? Tudo isso é muito assoberbante. Há muita coisa para fazer". Estou de acordo. Quando você esquematiza os detalhes do desenvolvimento pessoal, o panorama parece imenso. É por um bom motivo que a tradição hindu fala sobre a iluminação como sendo um palácio de ouro, que traz felicidade e liberdade, enquanto desmantelar a antiga realidade é como derrubar uma cabana, o que provoca pânico e desalento conforme as paredes caem ao seu redor. Para expor o caso sem metáforas: quando você olha ao redor, o mundo parece real. E ele é, mas é uma realidade sem o verdadeiro eu. Quando você chega ao fim da jornada da iluminação, você olha ao redor, e uma vez mais o mundo parece real. Só que dessa vez você está plenamente desperto, estabelecido no verdadeiro eu. Entre esses dois extremos, a vida é desconcertante. Há dias em que você entende as coisas. Os eventos se sucedem como se alguém, no andar superior, estivesse tomando conta de você (na realidade, você está tomando conta de si mesmo). Em outros dias, porém, a vida espiritual desaparece como um sonho, e você está preso no mesmo trabalho duro de qualquer outra pessoa.

O que o mantém em movimento? Pense a respeito das crianças, e como elas se desenvolvem. Através de dias bons e ruins, através de sorrisos e lágrimas, uma realidade oculta está se desdobrando. A superfície da vida não conta a narrativa real das vias neurais, dos genes e dos hormônios quando se reúnem em harmonia para criar uma nova pessoa como resultado do material informe que recebemos na concepção. A natureza protege nosso crescimento. O crescimento espiritual está livre desse tipo de determinismo. O destino não é mais biologia. Você precisa fazer uma escolha para evoluir, mas isso também é natural. Se a evolução for mudar do corpo para a mente, então a mente deverá participar das decisões que determinam essa evolução. Apesar dos altos e baixos da vida, o projeto de desenvolvimento não é complexo. Tudo o que você precisa é formular uma pergunta: *Se eu escolher X, isso somará à minha evolução ou subtrairá?*

Você pode não gostar de formular essa pergunta. Há muitas vezes em que o prazer imediato ou o ato de ceder a um impulso de forma imprudente é mais atraente. Você também pode não gostar da resposta. Em geral, a evolução é altruísta, e todos nós somos condicionados a cuidar de nós mesmos em primeiro lugar, quer a partir da cobiça ou a partir do desespero. Nenhum desses obstáculos tem importância; tampouco a resistência, a decepção ou o retrocesso. Desde que você possa formular aquela pergunta – *Se eu escolher X, isso somará à minha evolução ou subtrairá?* –, você está dando um passo para a liberdade. De fato, os mestres de grande sabedoria afirmariam que o fracasso é impossível. Simplesmente perguntar se você está evoluindo é a evolução em si mesma.

A essência

O verdadeiro eu é o eu real, mas como isso pode ser vivenciado? O eu cotidiano já está afogado em experiências. Chegar a um nível mais profundo requer um processo. No cotidiano, você se orienta para crescer pelas seguintes áreas:

- Maturidade – dar origem a um adulto independente
- Propósito – achar uma razão para estar aqui

- Visão – adotar uma visão de mundo para viver de acordo com ela
- "Segunda atenção" – enxergar através dos olhos da alma
- Transcendência – ir além da mente inquieta e dos cinco sentidos
- Liberação – ficar livre dos limites e ligações

Quando todos esses aspectos do verdadeiro eu começam a se desenvolver, eles se combinam na direção de um objetivo: dissolver a "ilusão de realidade" que o impede de saber quem você é realmente. O fim da ilusão de realidade assinala o estágio da evolução conhecido como iluminação.

PARTE III
Prezado Deepak: frente a frente

Nada substitui a ligação com pessoas que enfrentam problemas na vida real. Este livro se originou a partir de cartas escritas em todo mundo, e esta seção apresentará uma seleção de algumas delas. Cada remetente se sentia preocupado, e a maioria se sentia incapaz de solucionar seus dilemas. Minhas respostas visavam sempre abrir uma nova perspectiva, seguindo o princípio de que o nível da resposta nunca é o nível do problema.

Sentindo-se detestável

Trabalhei duro para mudar minha vida para melhor, mas, continuamente, lido com pensamentos negativos, mesmo quando as coisas estão realmente bem. Comecei a odiar a mim mesma e achar que o amor que as pessoas demonstram por mim é uma ficção. Conquistei muita coisa na minha vida, mas esse padrão está afetando meus relacionamentos e a maneira como lido comigo mesma. Como posso mudar essa situação?

– *Evelyn, 43 anos, Toronto*

O que você está falando trata de condicionamento passado, e isso afeta a todos nós. Quer você chame essas influências do passado de dívida emocional ou carma, elas funcionam do mesmo modo.

Uma nova experiência ingressa na mente, mas, em vez de ser avaliada em si mesma, a experiência é desviada para uma via muito gasta. Isso acontece de modo tão automático que não temos tempo de interferir. Digamos que esse condicionamento passado lhe informe que você é detestável. Então, quando alguém diz, "Eu te amo", você reage não a essas palavras, mas à antiga dúvida, à insegurança e a experiências negativas em relação ao amor. O novo acaba apagado pelo velho.

Se esse é o caso, como nos livramos do antigo condicionamento? Frequentemente, abordo o problema por meio do conceito de "perdurabilidade". Algumas antigas memórias são mais perduráveis do que outras. Elas aderem a nós e não conseguimos nos libertar delas. O que torna uma experiência do passado tão perdurável? Se formos capazes de decompô-la, talvez seja mais fácil lidar com cada aspecto, ou seja, uma peça por vez. Continuemos com a questão de se sentir detestável.

Em geral, sentir que você é detestável apresenta os seguintes aspectos, que fazem essa sensação perdurar em você:

1. Alguém com autoridade, em geral o pai ou a mãe, disse-lhe que você era detestável.

Solução: perceba que essa pessoa não tem mais autoridade sobre você, e você não é mais a criança de outrora. Pergunte se essa pessoa era, de fato, a pessoa que era detestável. Pergunte se essa pessoa é capaz de dar amor à criança mais adorável do mundo. Se a informação que você recebe como verdadeira é, na realidade, altamente duvidosa, por que aceitá-la?

2. Ser amado era amedrontador no passado.

Solução: ache maneiras seguras de superar aquilo que lhe amedronta. Um modo é ajudar uma criança necessitada. Você se sentirá amado de um modo inocente, agradecido, que é muito seguro. Analise qual é, para você, a parte mais amedrontadora de se sentir amado. É a rejeição? Uma sensação de que o você real será exposto e será considerado indigno? Não dê respostas evasivas a essas perguntas, mas as analise, primeiro sozinho e, em seguida, com alguém em quem você confia.

3. O amor parece muito distante.
Solução: vá ao fundo do remorso. O remorso é uma faca de dois gumes. Tem um lado nostálgico, uma melancolia doce aparentemente protetora, mas também tem um lado autodestrutivo, que lhe diz que é melhor nunca ter amado e perdido. A experiência é penosa, e, quando se transforma em uma desculpa para nunca se amar de novo, o remorso é uma máscara para o medo. Considere seus remorsos e, em seguida, renuncie a eles.

4. O amor está preso a emoções negativas.
Solução: perceba que a emoção é o adesivo mais forte de todos. As coisas que sentimos com mais força se convertem em memórias indeléveis. A maneira de libertar a memória é trabalhar através da emoção. Os maus sentimentos precisam ser enfrentados. O truque é não voltar a revivê-los. Para evitar isso, pode-se consultar um bom orientador ou terapeuta. No entanto, saiba antecipadamente que há uma grande diferença entre um sentimento negativo que você está ocultando e um que você está abandonando. Permita-se vivenciar a sensação de relaxar.

5. As memórias se transformaram em crenças.
Solução: Pare de generalizar. Todos nós convertemos nossas piores experiências em regras acerca da vida, mas essas crenças são falsas. Só porque um molestador de pátio de escola desgraçou sua vida quando você tinha dez anos, não significa que o mundo está querendo se vingar de você. A pior dissolução do mundo não significa que você é detestável. Considere suas crenças mais negativas e as desenrede das más experiências que não existem mais. Como você mesma destaca, sua vida atual é boa; é sua interpretação da vida, baseada em crenças imperfeitas, que a está solapando.

6. *Cercas elétricas não podem ser tocadas.*
Solução: Se uma emoção é tão dolorosa que você não consegue suportar levá-la em consideração, ela age como uma cerca elétrica. A própria perspectiva de tocá-la, que é a solução real em relação a qualquer emoção, torna-se um dissuasor. Você descobrirá que tocar a cerca é possível, mas esse gesto tem de ser desenvolvido. Se você se sente envergonhado, ou se seu pai ou mãe o maltratou ou traiu sua confiança, então o amor torna-se uma cerca elétrica. O que deveria ser um sentimento de prazer se mesclou com um sentimento de dor. Os dois devem ser desenredados antes de você poder entrar em contato com o amor sem dor. Se você perceber que está sofrendo dessa maneira, a ajuda profissional é definitivamente indicada.

7. *"Tenho de seguir esse caminho".*
Solução: A voz que nos diz que não podemos mudar é uma em que inúmeras pessoas acreditam. Elas escolhem a inércia, mas acham que foram forçadas a isso. A resposta é recuperar a liberdade de escolha. Considere uma coisa que simplesmente não pode ser mudada. Sente-se e aborde isso não como *seu* problema, mas como um problema que pertence a um amigo. Escreva uma carta a esse amigo com todos os conselhos mais objetivos que você conseguir imaginar. Diga ao seu amigo que ele tem uma chance de mudar, sempre, e, em seguida, apresente os passos específicos para promover essa mudança. Se você acha que fracassou nesse intento, consulte um bom livro a respeito de mudanças e adote os conselhos oferecidos pelo mesmo.

Ao abordar o antigo condicionamento por meio desses passos, livrar-se do passado torna-se viável. Nunca é fácil o aprofundamento em si mesmo, onde se escondem os antigos traumas e feridas, mas, se você encarar o projeto de modo racional e paciente, será possível iluminar e dissipar a escuridão.

Boas ações, nenhuma recompensa

Sou uma mulher inteligente, instruída, com uma carreira de sucesso em arrecadação de recursos. Arrecadei milhões de dólares

para representantes eleitos, organizações educacionais e produções artísticas. No entanto, não tenho um centavo. Devo cinco anos de impostos e, no ano passado, perdi minha casa devido à execução da hipoteca. O que minha sombra está tentando me ensinar?
– *Rachel, 41 anos, Fort Lauderdale, Flórida*

Obrigado por uma pergunta tão honesta, eu a parabenizo por perceber que sua sombra – o aspecto mais sombrio da mente inconsciente – está tentando lhe dizer alguma coisa. Você não lançou mão do recurso de culpar os outros ou de se fazer de vítima do destino ou da má sorte. (Claro que todos esses ingredientes podem estar circulando dentro de você, num nível mais profundo.)

Da maneira como você expõe o caso, você é uma facilitadora natural. Você foi bem-sucedida em dar aos outros mais bem-estar e, ao mesmo tempo, privou-se dele. Por que alguém faria tal coisa, já que, para a maioria das pessoas, a caridade começa em casa? Há diversas respostas possíveis, e gostaria de analisar cada uma atentamente, para verificar se ela se aplica.

- Você acha que o autossacrifício é uma forma de virtude.
- Você quer que suas boas ações sejam recompensadas espontaneamente, pois provam como você é boa.
- Você considera a caridade como uma forma de martírio, e isso lhe agrada.
- Ao ajudar os outros, você evitou olhar para si mesma.
- Você achou que suas boas ações solucionariam seu próprios problemas não enfrentados.
- Você sabia que estava se metendo em apuros, mas não quis encarar a realidade.
- Algumas coisas inesperadas aconteceram e ficaram além do seu controle.

Dependendo de quais dessas afirmações são válidas para você, a mensagem será diferente. No entanto, posso arriscar uma generalização, e dizer que a sombra sempre faz a mesma coisa: mantém você em uma bruma de ilusão. A lista que acabei de lhe dar é, na realidade, uma lista de ilusões brumosas. A sombra trouxe à sua porta a coisa que você mais temia. Ao não enfrentá-la e escolher permanecer na bruma, você se enredou enfrentando-a de qualquer jeito, e, provavelmente, em um contexto mais desesperado. Só quando você trouxer a consciência para sua situação e encarar a realidade, os aspectos mais positivos e saudáveis da consciência virão em sua ajuda. Eles existem, garanto-lhe, apesar da sua má situação presente. Tudo o que você puder fazer para tornar a realidade mais desejável (como um estilo de vida) do que a autoilusão será um passo na direção correta.

Por que estou aqui? Do que se trata?
Nascemos com uma missão espiritual ou divina para cumprir na Terra, e o que acontece se não a cumprirmos? Qual é a diferença entre uma missão espiritual e um propósito ou dever? A pessoa pode perder a conexão divina para sempre, ou haverá outra chance no futuro? É normal que uma pessoa tenha mais de um sonho?
– *Aphrodite, 49 anos, Dallas, Texas*

Você não apresenta uma pergunta, mas um emaranhado de questões, e o fio que percorre esse emaranhado é a insegurança. Imagino que você acha difícil encontrar um propósito ou se sentir engajada. Você se deixa levar facilmente pela especulação e, ao ver tantos lados de cada questão, a urgência de fazer algo se evapora. Minha dúvida básica, então, é se você realmente quer uma resposta. Você se sente mais feliz deixando perguntas sem respostas? Algumas pessoas se sentem. Elas preferem a fantasia, os devaneios e a passividade para arriscar uma reivindicação em relação à vida real.

No que diz respeito aos pormenores de sua questão, alguns mestres espirituais declaram que fazemos uma barganha da alma antes de entrarmos numa nova encarnação, e o cumprimento dessa barganha torna-se o foco da nossa existência. Como esse propósito é descoberto? Seguindo suas inclinações naturais. O que é certo para você não ficará oculto se você estiver conectada consigo mesma e disposta a seguir aonde seu desejo a conduzir.

No entanto, muitas pessoas consideram isso uma ideia nebulosa e suspeita. Elas flertam com a noção de ter um propósito único, mantendo, ao mesmo tempo, uma existência segura baseada em normas convencionais. Nenhum poder superior vai lhes punir por isso. Uma barganha de alma, se tal conceito é válido, não é nada mais do que um acordo consigo mesmo. Pode haver mais de um sonho? Claro que sim. A pergunta real a ser feita é se você se decepcionou consigo mesma. Algo mais, realmente, tem importância? Se você não estiver decepcionada, então está seguindo o caminho correto. Se você estiver decepcionada, está diante de uma escolha. Você pode continuar vivendo com a decepção ou pode retraçar seus passos e recuperar o desejo do seu coração onde você o abandonou.

Eu sei o que faria em tal situação, e acho que você também sabe.

Carregando um fardo pesado

Dezessete anos atrás, tive uma filha com uma doença de nascença. Achava que tinha entrado em acordo com esse fato, mas receio que apenas enterrei minha dor. Estava preocupada em criar três crianças pequenas e continuar com as visitas aos médicos e terapeutas e com os trabalhos domésticos. Agora, parece que cada marco perdido é insuportável. Costumava me recuperar rapidamente, mas simplesmente não consigo mais. Estou gorda, minha casa está uma bagunça, e não consigo me livrar disso.

– *Christa, 44 anos, Syracuse, Nova York*

Há soluções para sua situação, mas você deve adotá-las a sério e começar a agir. O princípio básico que tenho a oferecer é que a felicidade é construída tornando seu dia feliz. Você tem de pensar a longo prazo a respeito de sua filha, mas você transformou isso em uma obsessão. Situações tão difíceis quanto as que você descreve devem ser desenredadas aqui e agora. Eis alguns passos que deixarão seus dias cada vez mais felizes.

Passo 1. Limpe sua casa, arrume a bagunça externa. Não há motivo para ficar deprimida se não tiver de olhar para o caos todos os dias. Se você se sente inclinada a ser infeliz, invista no trabalho diário. Você precisa se movimentar fisicamente de modo positivo.

Passo 2. Reserve uma hora de cada dia para fazer algo que você gosta muito. Não ignore essa hora. Não a preencha comendo, cozinhando ou vendo tevê. O que você quer é uma sensação interior de satisfação criativa.

Passo 3. Passe ao menos uma hora, de preferência duas horas, todos os dias, entrando em contato com outros pais de filhos deficientes. Procure um grupo de apoio, conexões por telefone, e-mails e blogs on-line. Pesquisas mostram que conexões pessoais desse tipo são um fator-chave para a pessoa se sentir feliz. Crie espaço para a conexão com amigos e familiares – isso também é benéfico – mas, no seu caso, é importante obter a simpatia e o apoio de outros que vivem situações semelhantes à sua, mas estão agindo de forma coerente.

Passo 4. Se a terapia não está melhorando a condição de sua filha, procure outra coisa. Um terapeuta capacitado pode ajudá-la. Não estanque nessa área. Seja paciente e continue.

Passo 5. Sente-se e enfoque sua desesperança. Estou falando tanto dos motivos psicológicos como dos práticos. Você parece desesperançada principalmente porque sente que sua filha está condenada. Essa é uma crença negativa e uma projeção, e não é a realidade. Ninguém é capaz de prever o futuro. Ao acreditar que sua filha pode ter um bom futuro, você descobrirá que as oportunidades se abrirão para viabilizar isso. Porém, antes que isso possa acontecer, você precisa escrever as dez coisas que fazem você se sentir desesperançada em relação à sua filha e, na sequência, os passos realistas que você pode dar para evitar esses resultados.

Você está carregando um fardo que não precisa ser tão obsessivo, sombrio e difícil. A chave pode ser descobrir outros pais que saíram do lugar sombrio e, dessa maneira, você saíra do seu. Seu antigo eu não está morto; está só escondido debaixo das cobertas da tristeza e do desamparo das quais você é capaz de se livrar.

Peça mais da vida

Durante toda minha vida, procurei pelo meu propósito, e descobri que talvez não tenha nenhum. Estou ainda mais questionadora desde que fiquei desempregada depois de trabalhar muitos anos na mesma empresa. Cada vida tem um propósito específico? (Não se preocupe; não espero uma grande revelação em sua resposta. Você é apenas um ser humano.)
– *Deborah, 61 anos, Pittsburgh, Pensilvânia*

Não sei se isso virá como uma revelação, mas seu propósito na vida é se livrar de pedir tão pouco. Trabalhar para a mesma empresa embotou seu entusiasmo e sua expectativa. Tenho certeza de que você tinha essas coisas outrora, e elas podem ser revividas. O segredo é espiar sob a coberta. O que você escondeu ali? Tenho guardadas todas as pequenas sementes de sonhos e desejos que foram escondidas para uma eventualidade futura.

Escreva essas palavras com o batom em seu espelho: "A eventualidade futura chegou". Você está num momento da vida em que a realização conta para tudo. Com duas ou três décadas ainda à sua frente, há mais do que tempo suficiente para o florescimento de algumas dessas sementes. Não poderia dizer quais são elas, mas sei que existem.

Escolhendo entre o certo e o errado

Quem decide se algo é moral ou imoral? O que eu considero imoral pode ser perfeitamente moral para outra pessoa.
– *Gurpreet, 26 anos, Índia*

Não é difícil perceber que sua pergunta está incompleta. Você está enfrentando um dilema moral específico. Quer saber se sua escolha é imoral e pode ser condenada pelos outros. No entanto, você já se sente culpado e não quer nos dizer qual é realmente o problema. Como inúmeras pessoas se acham em situações similares, deixe-me tratar da questão de como tomar decisões morais. Acho que isso será mais prático do que tratar da questão cósmica do que torna as coisas morais (boas) ou imorais (más).

No mundo dualista, dizem-nos que o jogo entre luz e sombra, bem e mal, possui raízes no eterno. A criação é estabelecida dessa forma, e somos apanhados no jogo dos opostos. Se essa explicação, que é basicamente religiosa, possuir um forte apelo para você, então as decisões acerca do que é certo ou errado ficam mais fáceis. Você pode consultar o sistema religioso de seu credo, e seguir seus preceitos a respeito de como ser boa pessoa.

Por outro lado, você pode ser apanhado entre o desejo e a consciência. Você quer fazer alguma coisa, mas se sente culpado ou envergonhado a respeito do que quer. Uma pessoa casada que se sente tentada a trair passa por esse conflito. A sociedade afirma que o desejo é mau e deve ser objeto de resistência, enquanto permanecer fiel no casamento é bom, e deve ser um compromisso a ser honrado. Se você valoriza o julgamento da sociedade e quer ser visto como respeitável, a escolha certa é clara. A maior parte da vida cotidiana consiste em equilibrar o desejo e a consciência, fazendo a coisa certa mesmo quando você não sente vontade disso. As pessoas que vivem com sucesso dentro do sistema social aprenderam a controlar os impulsos. Meu único comentário é que escolher ser respeitável é em si um desejo, ou seja, não se trata de escolher entre o bem e o mal. Frequentemente, a escolha é entre um impulso efêmero e um desejo mais maduro. A condenação do desejo não torna ninguém moral; só deixa a pessoa fora do alcance do desejo.

Finalmente, diria que uma pessoa mais madura pode evoluir até o ponto em que as decisões a respeito de certo e errado se tornem menos críticas. Você descobre que seu guia interior pode fazer tais escolhas sem temer a condenação social. Não fica mais tão ligado a regras e imposições rígidas. Um médico que deve decidir se ajuda um paciente a morrer, em benefício de aliviar a dor de uma doença incurável, tomará essa decisão com base em considerações muito pessoais. Não há uma resposta fixa antecipadamente. A sociedade rejeita muita liberdade de escolha. É fácil alguém pedir desculpas por suas más ações afirmando: "O que é imoral para os outros é moral para mim". Isso é racionalização autocentrada e não evolução superior. No entanto, a evolução superior existe, e os livros sagrados mundiais nos dizem que, na consciência superior, a unidade prevalece sobre a dualidade. Em outras palavras, em vez de condenar o mal, a pessoa se torna compassiva em relação ao transgressor e pratica o perdão.

Espero que esses comentários sejam de alguma ajuda para você.

Lições de beijos
Peguei o jornal matutino e li um artigo a respeito de diversos tipos de beijos. Escondi o jornal, com medo de que minha filha adolescente lesse aquilo. Fiz a coisa certa?
– *Shipra, 46 anos, Dehrandun, Índia*

Lute a boa luta. Mas saiba disso: se manter material impresso inadequado longe dos jovens os ajudasse a percorrer o caminho correto, os editores sairiam do negócio da noite para o dia, e o mundo ainda estaria cheio de adolescentes aprendendo a beijar. Essa é a natureza humana.

Tomando conta da sua vida?
Todos os dias acordo e prometo a mim mesma que vou viver cada dia ao máximo, sem deixar que as emoções ou os medos me detenham. Vou fazer aquelas coisas que adiei, falar acerca daqueles assuntos corroídos com alguém, mas, depois do banho e do café da manhã, me apavoro. Como tomo conta da minha vida? Como faço para impedir que o medo me domine?
– *Marissa, 19 anos, Botswana, África do Sul*

Ao dizer "tomar conta", você, na realidade, está definindo o obstáculo e não a solução. Está criando uma situação que exige esforço, vontade e coragem para enfrentar os desafios da vida. Enquanto você confronta um obstáculo desencorajador, naturalmente você seguirá o caminho da menor resistência. O mesmo arranjo motiva milhões de pessoas a reagir com exagero, por exemplo, pois a alternativa é muito esforço e transtorno. Adie isso até amanhã. Enquanto isso, contenha-se.

A solução é continuar facilitando a superação da sua resistência. Se você conseguir enfrentar os desafios da vida, incluindo seus medos, com entusiasmo e energia, isso seria ideal. Você não é capaz de alcançar o ideal da noite para o dia, mas você não precisa. Adotar passos positivos todos os dias é suficiente; na realidade, mais do que suficiente, pois a maior parte da resistência interna que encontramos vem de hábitos e inércias antigos, desgastados. Superá-los é mais do que meio caminho andado. Eis os passos que tenho em mente.

Passo 1. Considere sua protelação. É um hábito arraigado, mas por que você se agarra a ele? Porque a protelação em relação a coisas desagradáveis oferece em si um tipo de "solução". É uma solução frágil, do tipo "o que os olhos não veem, o coração não sente". No entanto, as coisas que protelamos não ficam realmente fora das nossas mentes. Pouco abaixo da superfície, elas nos atazanam e impossibilitam que fiquemos despreocupados. Sente-se e absorva esse conceito: a protelação é um falso amigo. Lembre-se de todas as vezes no passado em que você enfrentou um problema e se sentiu bem consigo mesmo. Perceba que a protelação nunca parece boa. Baseia-se na autoilusão que de alguma forma o problema se solucionará sozinho. Acredite-me, qualquer resultado é melhor do que esperar, pois quanto mais você esperar, mais sua mente inventará os piores cenários possíveis.

Passo 2. Faça uma lista para ter um bom dia. Primeira coisa de manhã: escreva o que você vai comer, as tarefas que você vai cumprir, as contas que você vai pagar. Não estenda essa lista além de um dia.

Inclua nela ao menos uma coisa que você quer realizar e que protelou. À medida que escreve, verifique seu nível de conforto. Tudo o que você listar deve conduzir ao mesmo resultado: sentir-se bem hoje.

Passo 3. Ponha em prática sua lista. À medida que você executa cada coisa, tique sua lista. Naquele momento, verifique como você se sente. Se você terminar se sentindo cansada, entediada ou qualquer coisa negativa, revise sua lista. O objetivo da lista é construir para si uma nova zona de conforto, baseada na satisfação e na realização. Essas coisas só podem acontecer quando sua vida é manejável. Ninguém fica feliz quando seu dia é opressivo e exaustivo. Quando você cai no domínio da protelação, todas as coisas deixadas sem fazer se intensificam e ficam realmente opressivas, mas você não consegue quebrar esse círculo vicioso se não começar a agir. Depois de aprender que você é capaz de enfrentar alguns desafios, e, ao mesmo tempo, consegue se sentir bem – na realidade, enfrentá-los faz você se sentir ainda melhor – então, aquela vozinha interior que diz "Protele; um dia a mais não prejudica ninguém" começará a perder a força de convencê-la.

Espiritualmente paralisada

Estive numa jornada espiritual por vinte anos, e estudei diversas abordagens. Trabalho estimulando as outras pessoas a confiarem no processo, mas, nesse momento, estou numa situação financeira de carência e limitação. Sei que, nesse caso, há uma lição espiritual acerca de confiança. No entanto, estou paralisada e incapaz de avançar.

– *Bernice, 63 anos, Raleigh-Durham, Carolina do Norte*

Em primeiro lugar, não é o caso de agora ou nunca. Ao se pressionar, você está fechando os canais de ajuda e apoio. Não estou sendo místico aqui. A espiritualidade é uma questão de consciência, e tudo o que expande a consciência serve para abrir esferas mais sutis da experiência. Ao mesmo tempo, tudo o que fecha sua consciência e a contrai por meio do medo não pode ser considerado espiritual. Em outras palavras, detecto que você gostaria de amar e confiar, mas, ao mesmo tempo, um instinto poderoso a deixa ansiosa e preocupada. Esse é o espelho de duas faces que você descreve na sua carta.

Se me permite, gostaria de falar acerca do "materialismo espiritual", pois acho que ele se aplica a muitos de nós. Quando pedimos a Deus para que nos traga dinheiro – em geral, camuflado em um termo mais polido: abundância –, a espiritualidade desce ao nível do receber e gastar. Do nível do ego nasce toda a insegurança que faz com que queiramos nos proteger com dinheiro, *status*, bens e diversas coisas materiais. Sem dúvida, o ato de se prover é importante. Não que Deus dê mais se você vive à altura de certos padrões e dê menos em caso contrário. Não há um julgamento que tudo vê acima das nuvens, vigiando quem é desobediente e quem é boa gente. Pensar nesses termos é materialismo espiritual.

Por que tantas pessoas incorrem nesse pensamento? Os motivos não são difíceis de encontrar. Vivemos numa sociedade materialista, e, nos Estados Unidos, ela é particularmente dura, porque há poucas redes de segurança. O lado oculto da prosperidade e do sucesso é o medo de que, se você cair, ninguém vai segurá-lo. Além disso, fomos alimentados com promessas simplistas a respeito de Deus salvar os fracos e oprimidos, numa missão de resgate de diversas finalidades. E, ainda que inúmeras súplicas fiquem sem resposta, as pessoas se apegam à autoilusão. Informadas quando crianças de que Deus está cuidando delas, não enxergam outra alternativa a não ser se agarrar a essas crenças.

Eis por que, no fim, a espiritualidade é um caminho que todas as pessoas devem trilhar. O caminho só leva para dentro. Não leva a um guichê de caixa, onde você troca a carência pela abundância. Sei que estou jogando um balde de água fria, mas, quando você para de acreditar em ilusões, há espaço para a realidade. A realidade é muito maior do que dinheiro ou algo material. Enquanto você percorre seu caminho, descobre seu verdadeiro eu, e, com o aprofundamento da descoberta, a paz e a segurança se tornam aspectos permanentes em você. O medo estava encobrindo seu verdadeiro eu. O ego o seduziu para medir seu sucesso por meio de aparências externas.

No entanto, o que realmente tem importância é o processo que lhe permite abandonar a lealdade ao materialismo espiritual em favor da lealdade à plena consciência. Com a consciência expandida, você descobre que a vida tem mais a oferecer do que alguma vez imaginou. Não posso prever se alguém ficará rico ou pobre. No entanto, você tem razão de confiar no processo da vida, conquanto não se transforme em fatalismo. Há um lugar bom e correto para você nesse mundo; ele se abre quando sua consciência está suficientemente aberta para percebê-lo.

Uma mãe dominadora

Sou filha única e precisei trazer minha mãe para morar comigo quando ela ficou gravemente doente seis anos atrás. Felizmente, ela está muito melhor agora, mas continua morando aqui. Ela sempre foi contra minhas escolhas na vida. Nunca tivemos uma relação adulta, construída com base no respeito entre mãe e filha. Costumava enfrentar a intimidação dela, mas nada nunca mudou. Nesse momento, rendi-me para manter a paz. Ela pode ter me amado quando eu era criança, mas não acho que ela me ame como adulta. O que posso fazer?

– *Terry, 40 anos, Charleston, Carolina do Sul*

Não se sinta só; muitas filhas crescidas enfrentam o mesmo problema. Na realidade, você tem dois problemas para resolver e não um. O início de uma solução envolve desenredá-los.

Problema número 1: a dependência psicológica em relação à sua mãe.

Problema número 2: o narcisismo e o egocentrismo de sua mãe.

Esses dois problemas estão entrelaçados, o que torna mais difícil lidar com eles, mas o segundo é mais fácil. Sua mãe é egoísta e egocêntrica. A preocupação dela com você é apenas um reflexo de si mesma. A primeira coisa que ela pensa é: "O que devo aparentar nessa situação?" Se você escolher um homem, um emprego ou um par de sapatos, sua mãe não se importará como isso afeta você. Ela se preocupa com a imagem própria e com o senso narcisista de si mesma.

Você não consegue solucionar esse problema, porque não é seu problema. Enquanto você continuar cedendo, ela "soluciona" o narcisismo dela, mantendo-o em segredo e negando que é um problema. Se ela fosse um pouco mais desprendida, veria o mau impacto que está causando; ela demonstraria empatia com os seus sentimentos. Ela a agradeceria por cuidar dela e rapidamente mudaria de atitude. Sua mãe não faz nada disso. Portanto, você realmente não tem de considerar os sentimentos dela quando a questão é consertar sua própria vida.

O primeiro problema, isto é, sua dependência – ou, para usar o jargão moderno, sua codependência – é mais difícil de resolver. Uma coisa é ser uma mosca capturada na rede lutando para escapar. Outra bem diferente é ser um cão ou um gato que pede para ser capturado numa rede. Ele pode escapar com facilidade se quiser. Então, a grande questão é: por que você não quer se livrar da sua mãe, supondo que um desejo real de liberdade conduziria imediatamente à ação? Quando você tem uma pedra no sapato, você não a suporta, a menos que você goste da dor ou queira sofrer como uma mártir.

A dependência está enraizada na necessidade infantil de amor. Uma criança saudável cresce como resultado da dependência e percebe que é adorável. Uma criança dependente continua presa e afirma: "Só sou adorável se minha mãe me der amor. Caso contrário, não sou." Até essa causa básica ser solucionada, a dependência se espalhará a outras áreas. A aprovação, o sucesso, a sensação de estar seguro, a realização pessoal etc. ficam baseados no que os outros falam a seu respeito, em vez de fundamentados com segurança no conhecimento do seu valor próprio.

Acho que a ajudaria ler a respeito da codependência. Assim que você sentir que se enxerga de modo realista, ache um grupo que lida com questões de codependência. Você precisará ajudar a se desenredar. Sua mãe é uma personalidade poderosa. Ela sabe como manter as garras dela cravadas sobre você. Lembre-se: quando você se libertar, será capaz de amá-la com mais honestidade. É melhor do que se sentir aprisionada e fingir amar sua atormentadora.

Cuidando de um dependente

Como lido emocionalmente tendo um filho adulto que é dependente de drogas? Quando ele está consumindo ou quando sua vida está um caos, não sei como manter a situação dele sem ocupar minha mente o tempo todo. Há uma sensação de ruína me cercando. Posso lidar com isso de um ponto de vista espiritual? Como um pai ou uma mãe pode tratar da dor e ansiedade que sente?
– *Bernardette, 61 anos, Milwaukee*

Precisaria de dias para entrar em detalhes a respeito das relações entre pais e filhos, mas você está fazendo uma pergunta sobre um problema que podemos isolar: a culpa, a ansiedade e a frustração de não ser capaz de ajudar. Em termos espirituais, trata-se de ligação. Você se identifica com alguém que está separado de si mesmo. Quase perde o limite entre si mesma e seu filho. A ligação a deixa obcecada com a vida caótica do seu filho. Faz a dor dele parecer sua.

Perceba que não estou criticando o afeto amoroso que conecta uma mãe e um filho. Você pode ir além da ligação paralisante por meio de um processo que envolve os passos seguintes.

1. Perceba que a ligação não é positiva. Não ajuda ninguém. Os terapeutas mais eficazes tendem a ser independentes, até distantes. Isso lhes dá clareza e objetividade. Permite que suas habilidades sejam utilizadas de modo mais efetivo.

2. Perceba que sua ligação está fazendo mal a você. Quanto mais próxima você se sente em relação ao seu filho, mais se esquece

de você mesma, da sua própria vida. Sacrificar uma boa parte dela para sofrer é destrutivo. Você deve se valorizar para querer uma boa vida para si. A partir disso, você oferecerá mais ajuda àqueles que necessitam dela, e não menos.

3. Rejeite a falsa esperança, a autoilusão e a repetição constante de "soluções" que nunca funcionam e que seu filho rejeita. Se ele disser não, seja adulta e aceite que o *não* significa *não*.

4. Cure suas feridas. A maioria dos dependentes perdeu a capacidade de se preocupar com aqueles que estão ao redor deles. Eles se habituaram a ferir, rejeitar, trair, guardar segredos e desconfiar. A doença funciona dessa maneira. Esse comportamento negativo a magoou. Não deixe a culpa maternal transformá-la num saco de pancadas ou num capacho a ser pisoteado. Cure-se onde você se feriu.

5. Cumpra sua relação primária. Você não mencionou seu marido, mas, se você continua casada, repare suas pontes com ele. Esse não é um caminho para percorrer sozinha. Perceba que seu filho não é sua relação primária. Se ele for tudo o que você tem, isso ainda não o torna sua relação primária, pois ele não está se relacionando com você. Encontre alguém para se relacionar que se importa com você. Sem dúvida, seu filho não se importa.

6. Descubra uma visão para seguir. Nesse momento, sua visão é uma ilusão. Está fixada na falsa noção de que, se você achar a chave correta, solucionará a vida do seu filho. Perceba que nenhum pai ou mãe soluciona a vida de um filho adulto, o que não significa que você fracassou. É impossível fracassar no que era inexequível começar. A mente abomina o vácuo, e você precisa de um objetivo propositado na vida para ocupar o lugar onde atualmente residem a ansiedade e a culpa.

Se você seguir esses passos com seriedade, percorrerá um longo caminho para recuperar sua vida das tendências autodestrutivas que se manifestaram na vida de um dependente. Nunca é tarde para se encontrar.

Ser gay é o problema?
Desde os seis anos, sabia de alguma forma que era diferente por dentro. Atualmente, tenho 21 anos e reconheço que "isso" é parte de mim. Por "isso" quero dizer ter interesse por pessoas do mesmo sexo (fui criado como cristão e, assim, você pode imaginar minha confusão interior). Tristemente, lutei para liquidar essa parte de mim desde criança. Fiquei muito abalado quando percebi que isso não desapareceria.

Atualmente, tenho certeza de que fui geneticamente programado para pensar e sentir desse modo. Tive meu primeiro caso de depressão há sete anos. Hoje, tomo medicamentos para impedir seu retorno. Que direção devo seguir? Honestamente, odeio ser "bicha".

– *Luke, 21 anos, Cingapura*

O problema premente aqui não é a orientação sexual, mas o julgamento contra si próprio. Em vez de ser gay, digamos que você fosse calvo. A maioria dos homens se constrange por ser calvo, e isso pode servir como motivo para perda da autoestima e para não se sentir bastante masculino. Eles se ressentem da condição e se sentem lesados em comparação com os outros homens. Espero que você perceba que não é a calvície que está provocando esse autojulgamento, que pode se tornar muito obsessivo e opressivo.

Claro que, em virtude das atitudes da sociedade, é mais difícil lidar com o fato de ser gay do que com a calvície. Você não se detesta de maneira ativa; você absorveu de modo passivo as atitudes negativas das outras pessoas. A religião é parte da sociedade, e quando ela se mete na situação, a pessoa se vê com mais um nível de desaprovação, talvez o mais grave de todos, pois ser gay, de acordo com os fundamentalistas cristãos, significa que sua alma corre perigo. Em seu lugar, listaria os problemas que você sente dentro de si, colocando-os em ordem de gravidade e, em seguida, escreveria um remédio específico para cada um. Por exemplo:

1. Sentir-se só e diferente
Solução: conheça outros gays que têm boa autoestima, associe-se a um clube social gay, tenha um bom amigo gay, e tenha um bom amigo heterossexual que respeite a homossexualidade.

2. Autojulgamento e insegurança
Solução: ache uma coisa em que você é bom, junte-se a pessoas que valorizam suas realizações, ache um confidente para compartilhar seus sentimentos e fique amigo de alguém que pode servir como modelo ou mentor.

3. Culpa religiosa
Solução: leia um livro sobre fé moderna e tolerância aos gays, ache um amigo gay que também seja cristão, e procure um pastor gay.

4. Insatisfação sexual
Solução: associe-se a um grupo gay que proporcione algo além de sexo (caminhadas, filmes, dança, passatempos), leia a respeito de heróis e pioneiros da libertação gay, identifique-se com exemplos de pessoas que combinaram sexo e amor com sucesso.

Há diversas outras questões que eu poderia ter incluído, mas o ponto é, primeiro, tirá-lo de si mesmo, para que você consiga gerar menos crenças autodestrutivas acerca do fato de ser gay, e, segundo, utilizar contatos externos para construir seu eu. Você é uma pessoa única com valor único neste mundo. Não importa se os genes, a criação, a predisposição ou o comportamento inicial contribuíram para você ter uma identidade gay. Esse é seu principal desafio da vida aqui e agora. Depende muito de confrontar o desafio com decisão e com um resultado positivo na mente. Tenho fé que você é capaz.

Um marido deprimido

Meu marido fica deprimido todos os anos, e o episódio, em geral, dura dois meses. O gatilho que ativa a depressão é, geralmente, uma reunião familiar ou uma festa com os amigos. Ele sempre se compara de modo desfavorável com todos os demais. (Em geral, ele tem baixa autoestima.) Amo muito meu marido, mas ele também começa a beber quando fica deprimido. Ainda que minhas amigas me aconselhem a abandoná-lo, não consigo suportar a ideia de vê-lo lutando sozinho. A pior parte é que, quando ele volta a se sentir bem, recusa-se a fazer uma terapia, ler um livro, ou meditar. Mas eu sei que sempre haverá uma próxima depressão, e uma próxima, e uma próxima. O que eu devo fazer?

– *Lisa, 38 anos, Amsterdã*

Sua situação é muito comum entre as pessoas que convivem com a depressão cíclica. Tendemos a pensar a respeito da depressão bipolar oscilando rapidamente entre o desespero sombrio e a euforia maníaca. No entanto, existem outros tipos de ciclos, como esse que seu marido está vivenciando, e levando você junto com ele.

Na depressão cíclica, também é comum que as vítimas afirmem "Estou bem, não há nada errado", quando ingressam na fase agitada do ciclo. Elas não querem ouvir falar de tratamento e prevenção. Quando afundam na fase desanimada do ciclo, muitas tendem a se automedicar com álcool. Não estou mencionando isso para fazer você achar que suas dificuldades são menores pelo fato de se encaixarem num padrão. Médicos, e talvez até mesmo psiquiatras, podem não ser suficientes. Eles tendem a considerar essa condição tão difícil para tratar de modo terapêutico que o único remédio que oferecem são antidepressivos (que, infelizmente, o paciente quase sempre joga fora assim que volta a se sentir bem).

Consideremos o único aspecto dessa situação sobre o qual você tem algum controle, que é sua própria participação. Desfaça-se da ilusão de que você está "ajudando" o deprimido. Você está mantendo o *status quo*. Portanto, depende de você responder às perguntas fundamentais.

1. Isso é algo que consigo consertar?
2. Isso é algo que devo suportar?
3. Isso é algo de que tenho de me afastar?

Por causa do amor e da lealdade ao seu marido, percebo que você depende da pergunta número 2. Sua dependência a tornou codependente da depressão dele. Não estou dizendo que você seja a facilitadora. De certa forma, você se adaptou às necessidades dele, e a adaptação só pode ir até aí. Eis por que você teme a próxima ocorrência e se sente mais exaurida a cada uma. Chegou o momento de ele também se adaptar às suas necessidades. Em vez de implorar para que ele procure ajuda quando ele não quer, comece a reivindicar o que você realmente quer e precisa. Deixe a depressão fora disso tanto quanto você for capaz. E se ele tivesse uma doença crônica debilitante? Seria cabível afirmar uma das seguintes coisas:

- Não consigo lidar com tudo isso sozinha.
- Meu bem-estar também é importante.
- Sou totalmente solidária, mas não posso ser sua tábua de salvação constante. Você também deve cuidar de si mesmo.
- Quero me relacionar com a parte de você que não está doente. Por favor, ajude-me.
- Não consigo assumir toda essa abnegação. Temos um problema em comum.
- Assim que conversarmos a respeito do problema e começarmos a ser honestos a respeito dele, precisamos trabalhar juntos como um casal em busca de uma solução. Nessa solução, nós dois precisamos encontrar alívio.

Espero que você comece a perceber que se adaptou em demasia à situação. Não me junto às suas amigas que dizem que você deve abandoná-lo (embora espere que você encontre tempo para si à parte desse problema; suas amigas têm razão ao afirmar que você merece viver). Quero que você recupere sua vida com seu marido, e não sem ele. Deve haver um equilíbrio, e, neste momento, o equilíbrio parece estar favorecendo muito seu marido e o estilo de vida dele.

Um vadio do darma?

Meu problema é um filho de dezoito anos que acha que não precisa trabalhar ou frequentar a escola. Ele diz que quer somente "ser" e que "quanto menos você fizer, mais você fará". Como meu marido e eu podemos inspirar nosso filho para que ele perceba que deve fazer algo para sobreviver, sem que isso seja contrário a seus ideais espirituais?

– *Kathy, 39 anos, Des Moines, Iowa*

Receio que seu dilema provocará muitos sorrisos amarelos nos leitores. Você está perguntando a respeito de uma criança mimada, que tem os pais na palma da mão. Aos dezoito anos, os jovens estão testando novas identidades e se livrando delas frequentemente. Apenas o tempo e a maturidade nos dirão que tipo de adulto seu filho se tornará, e o que ele fará com a vida dele.

Você também está num momento delicado, pois não quer continuar mimando-o como uma criança, mas também não consegue estabelecer expectativas adultas a seu respeito. Tente se mover nesta última direção. Sei que é difícil. Nessa família, os idealistas são os pais. O filho está fazendo tudo que é capaz para permanecer tão dependente quanto possível. No mínimo, você precisa informá-lo a respeito dos fatos da vida: ele deve frequentar a escola ou se manter. A alternativa é continuar patinando, sem que ninguém seja o mais feliz por isso.

Superpopulação de almas

Sempre quis saber como as almas se multiplicam. Se, de fato, somos reencarnados, de onde as novas almas procedem, e como resultaram seis bilhões delas nesse planeta?

– *Sally, 32 anos, Silver Spring, Maryland*

Você ficaria surpresa com a frequência com qual essa pergunta é feita, geralmente no espírito do "ahá, te peguei". Os céticos afirmam: "Há o dobro de pessoas no mundo em relação a cinquenta anos atrás. Se todas as pessoas têm uma alma, e as almas são imortais, não pode haver mais almas do que antes. Portanto, a reencarnação deve estar errada". Percebo que você está perguntando com espírito mais amigável; então, eis os meus pensamentos francos.

Primeiro, a reencarnação não está sendo testada por essa pergunta. Por tudo que sabemos, as almas podem ser liberadas em algum tipo de ordem que os seres humanos não conseguem compreender. Talvez haja um suprimento sem fim delas. O ritmo do nascimento de almas não é nossa preocupação. Tudo o que sabemos é que cada um de nós está aqui, fazendo o máximo possível para evoluir.

Segundo, o ego é usado para pensar em termos do "Eu", ou do eu distinto. Mas deixemos de lado o ego por um instante. Sua alma é sua consciência mais profunda, a fonte de sua consciência. Para mim, a consciência é um singular que não tem plural. Uma barra de ouro pode ser convertida em diversos ornamentos de ouro; um incêndio gera muitas chamas; um oceano produz muitas ondas. As almas são padrões de movimento e comportamento em uma consciência única. Quer chamemos isso de mente de Deus ou berço da criação, essa fonte única pode originar tantas almas quanto o universo convocar, da mesma forma que o oceano pode ter poucas ou muitas ondas sem se esvaziar. Estar plenamente consciente é um estado duplo. Você se enxerga como um indivíduo, mas você também sabe que pertence à unidade conhecida como mente.

Blues da recessão

Foi o ano que o telhado caiu. Em questão de meses, meu marido e eu nos separamos. Pedimos falência e perdemos nossos negócios, uma vinícola e uma destilaria. Agora, procuro viver como mulher separada com filhos, que mora numa casa que está prestes a ter a hipoteca executada. Estou perto de fazer cinquenta anos, e há momentos em que me sinto completamente perdida. Geralmente, porém, procuro ser otimista e acreditar que minha nova jornada será a oportunidade de encontrar o verdadeiro propósito da minha vida. Não quero nada mais do que proporcionar um futuro seguro

e feliz para meus filhos. As pessoas gostam de mim e respondem à minha energia positiva. Sem dúvida, há uma porta aberta para mim. Minha pergunta é: "Como mantenho essa porta aberta?"
– Sara, 49 anos, British Columbia

Posso garantir que sua carta abalou muitos corações. Na atual recessão, os trabalhadores mais velhos, que achavam que estavam se aproximando do topo de suas carreiras, descobriram o colapso. Eles estavam pouco preparados para a perda do emprego, da casa ou da poupança – todas as redes de segurança que proporcionamos a nós mesmos depois de uma vida inteira de trabalho.

Para abrir uma nova porta, acho que devemos recorrer ao adágio a respeito de que a natureza abomina o vácuo. Nesse momento, você tem um espaço interior que contém o seguinte: pesar, decepção, nostalgia de tempos melhores, esperança no futuro, ansiedade em relação ao futuro, falta de autoestima e de autoconfiança. Em outras palavras, há um emaranhado desorganizado de conflitos. Energias sombrias estão se aproximando e fazem você sentir medo. A instabilidade de vida exterior também é refletida pela instabilidade interior.

Você precisa abrir espaço para a objetividade, a inspiração e os novos começos. Já possui as habilidades vitais para tudo isso. O problema é que muita coisa está girando em seu interior, e nenhuma objetividade é possível ou só chega aos trancos e barrancos. Perceba que você está no modo de crise. Você não pode exigir tudo de si mesma. Onde estão os auxiliares externos, o suporte, e, mais que tudo, onde está seu marido? Sei que ele tem as próprias ansiedades, mas ele fez parte do colapso que levou a essa crise. Ele deve ser parte do caminho que leva para fora dela. Exigir que você suporte o fardo sozinha é imperdoável.

Receio que você também precise ser prática neste momento. Procure aqueles que você ajudou no passado e informe, de maneira assertiva, que precisa de apoio durante essa crise. Não seja valente; não seja mártir; não caia na vitimização e na autoilusão que vem embalada com ela. Veja-se como se você fosse outra pessoa; alguém que você conhece bem e que precisa de conselhos sólidos, racionais. O que você diria a ela? Ser objetiva ajuda a abrandar o torvelinho confuso de emoções que puxam de um lado para outro dia após dia.

Você tem uma boa percepção do seu eu básico, que aparece claramente quando você escreve. É o eu básico que conduz as pessoas através das crises. As circunstâncias externas estão em segundo lugar. Sim, a recessão e os golpes que ela aplicou na vida de pessoas boas e dignas são reais. No entanto, a elasticidade interior e a capacidade de se recuperar são qualidades pessoais e se provam decisivas em casos como o seu. Alie-se com alguém que tenha esse tipo de elasticidade, para que a sua própria possa ser fortalecida. Ache outro carvalho para aguentar a tempestade com você. Qualquer pessoa que esteja em contato com seu eu básico sempre responderá. Antes de você se preocupar com a atitude positiva, dê passos ainda que pequenos, para sair do modo de crise. Assim que você se orientar de maneira realista naquela direção, as portas que precisam ser abertas começarão a se abrir.

Posso alcançar a iluminação?

O propósito do homem é procurar e alcançar a iluminação. Quais são os obstáculos, e como superá-los? Prego o pensamento positivo para todos ao meu redor, mas, às vezes, sinto-me sem esperança. Não consigo fugir desse padrão. Ajude-me.

– *Claudine, 41 anos, Sherman Oaks, Califórnia*

Você fez duas perguntas, mas acho que podemos vinculá-las. O pensamento positivo é muito bom, até necessário, a fim de se ter uma visão auspiciosa da vida. Sua visão é de iluminação, e nada pode ser mais positivo. Tendo achado sua visão, você não tem de se forçar a pensar positivamente o tempo todo. Essa é uma maneira artificial de abordar a mente. Acho que se você não forçar sua mente, isso funciona de modo mais natural e com menos estresse.

Agora, tendo definido seu objetivo como sendo a iluminação, como você chega lá? Primeiro, não pense nos obstáculos. A iluminação é produto do desenvolvimento pessoal. Quando uma rosa está crescendo no jardim, mirando o dia em que dará uma flor gloriosa, ela não pensa "Quais são os obstáculos a vencer antes de eu poder florescer?", ela simplesmente cresce, aceitando o bom e o mau conforme surgem, com a garantia de que um dia a flor aparecerá.

No entanto, as rosas florescem melhor com solo rico, nutrientes e cuidados. O mesmo vale para você. Apenas duas coisas são necessárias no caminho espiritual: a visão e os meios para expansão de sua consciência. Independentemente do que a iluminação possa ser – e diversas tradições a descrevem de maneiras diferentes – cada passo na direção da iluminação é um passo de autoconhecimento. Ao longo da história, as tradições espirituais apontam para a meditação como a ferramenta mais importante para o autoconhecimento. Com mais consciência, porém, nem tudo que se revela é positivo. A vida é uma faca de dois gumes, e todos possuímos um eu sombrio.

Mas independentemente de quão difícil algum aspecto de sua vida possa ser, não tem de servir como obstáculo para o espírito. Seu corpo pode enfrentar obstáculos, assim como sua psiquê. Lide com isso da melhor maneira possível; em outras palavras, leve uma vida normal com o apoio da família, dos amigos e daqueles que são orientados pela espiritualidade. O espírito é uma questão de consciência, e, desde que você saiba disso, a oportunidade para a consciência expandida sempre aparecerá. Às vezes, aparece na meditação; outras vezes, como um novo *insight*; ocasionalmente, como guias e professores que aparecem para nos ajudar. Deixe seu eu superior ser o guia derradeiro e se mantenha firme em saber que todo o caminho ocorre na consciência.

O filho ingovernável

Meu filho de 22 anos vive em casa, cursa a faculdade e trabalha. Ele nunca se oferece para ajudar nas tarefas domésticas, para preparar uma refeição ou para lavar a louça. Ele entra e sai de casa de mau humor, sem cumprimentar ou se despedir.

Assume uma atitude superior em relação a mim, como se estivesse no comando. No entanto, senta-se sem fazer nada, jogando videogames em cada momento livre. Sou divorciada e cuido dele sem a ajuda do pai. O que faço para que meu filho seja mais amável comigo? Sinceramente, se ele apenas fingisse já seria muito bom.

– *Audrey, 46 anos, Oak Park, Illinois*

Seu filho está estendendo a adolescência o máximo que pode. As atitudes que você descreve – incluindo o ar superior, a dependência dos videogames, a fuga das tarefas domésticas e a indiferença em relação a você – são bem conhecidas de todos os pais de um adolescente de dezesseis anos. No entanto, são imperdoáveis num jovem de 22 anos. Além disso, sua situação está composta de dois fatores agravantes. Seu filho aprendeu a atitude insensível do pai, receio. E você está vivenciando o lado negativo de ser uma mãe separada que cuida do filho sozinha, ou seja, você se tornou muito dependente de seu filho para o *feedback* emocional e muito disponível para deixá-lo subsistir na imaturidade.

Tudo parace se resumir no fato de que você não é boa para ele e ele não é bom para você. É uma relação mutuamente não benéfica. Como adulta, cabe a você encarar a realidade como ela se aplica a você. Leve uma vida além do seu filho. Force-se a deixá-lo crescer. Deixe de prestar tanta atenção nele; pare de sobrecarregá-lo com suas decepções e expectativas fracassadas. Sei que isso é uma dose forte de medicação, mas vai curá-la no fim.

Quanto ao seu filho, sua preocupação está bem colocada. Ele não está numa boa condição para crescer. Tem pouca motivação para isso, e é muito imaturo para enxergar a derrocada que o aguarda se ele se recusar a crescer. Sua função é ajudá-lo a abrir os olhos. Primeiro, ele precisa de uma conversa séria com um homem a quem ele respeita. Esse homem precisa dizer algumas verdades duras. Segundo, seu filho precisa de um exemplo a ser seguido que se ajuste ao tipo de pessoa que ele deveria ser.

Não posso dizer que tipo de exemplo a ser seguido é exatamente correto. Isso exigirá um pensamento equilibrado da sua parte. Aos 22 anos, muitos jovens adultos não conseguem identificar suas forças e fraquezas. Precisam de mais experiência e talvez de algum aconselhamento – não há dúvida de que isso é verdade em relação ao seu filho. Mas é preciso que você ache um homem cujas carreira e escolhas de vida façam seu filho dizer: "Quero ser assim. Posso ser assim". Sem essa figura na vida dele – ou na vida de qualquer jovem adulto – a perspectiva é de um futuro sem propósito.

Jovem na encruzilhada
Realmente, estou passando por um momento difícil. Estou diante de escolhas para achar uma direção na vida. Quero fazer algo de que goste, mas ainda não descobri o quê. Enquanto isso, não estou disposta a comprometer meus ideais em nome da prática. A escola e o trabalho pareceram sem sentido para mim. Assim, deixei os dois de lado e passei um ano sem sair, basicamente só lendo livros sobre espiritualidade e psicologia, esperando que fosse capaz de me encontrar.

Agora, sinto-me mais fundamentada espiritualmente, mas, na minha vida prática, não realizei nada. Quero crer que tudo é como deve ser. Mesmo assim, há vezes em que me sinto morta por dentro. Não tenho aspirações; nem mesmo sei por que estou aqui.
– *Annie, 24 anos, New Haven, Connecticut*

Conforme avança, sua carta vai ficando cada vez mais negativa, culminando com uma afirmação surpreendente: "sinto-me morta por dentro". Assim, o que começou como uma coisa – uma carta de uma jovem idealista, que postergou sua crise de identidade – terminou parecendo a carta de alguém que está muito deprimido. Portanto, a única maneira pela qual você pode obter uma resposta é buscando-a dentro de si mesma. Você leu muitos livros sobre espiritualidade. A semente está semeada. Agora é o momento de deixar algumas sementes germinarem.

Para descobrir quais, aqui estão cinco perguntas para você se fazer. Escreva-as e mantenha o papel à mão, pois você precisará formular as perguntas todos os dias até serem respondidas. Listarei as perguntas primeiro e, em seguida, mostrarei uma maneira específica de respondê-las, pois o método é tão importante quanto as respostas.

1. Estou deprimida e doente em relação à minha vida?
2. Estou sendo carregada pela corrente porque sei que há algo perfeito no horizonte?
3. O dia de hoje está correndo do jeito que eu quero?
4. Quando observo ao redor, minha vida me diz quem eu sou? O que eu vejo no reflexo do mundo exterior?
5. Se eu pudesse saltar cinco anos a frente e encontrar a mim mesma, quem eu encontraria?

Essas são perguntas que foram formuladas durante a crise de identidade dos vinte e poucos anos de uma pessoa. São sempre feitas em uma confusão, pois a adolescência não acabou, e a maioridade plenamente madura ainda não começou. As pessoas vivenciam a crise de identidade de diversas maneiras. Tendem a revelar o que mais temos e o que mais sonhamos. É o tempo do amor, dos ideais, da carreira, da confiança crescente e da excitação da cabeça a mil.

Esse é o ideal, mas claro que muitas pessoas vivenciam outros elementos da crise de identidade: uma sensação paralisante de indecisão, a perda da autoconfiança, o pânico que antigos comportamentos que funcionaram na adolescência não funcionem mais, e uma sensação assustadora de vazio. Nesse momento, você está presa no lado negativo da busca por sua identidade verdadeira. Assim, eliminemos a parte negativa e deixemos a parte positiva da sua vida começar a orientá-la.

É onde as cinco perguntas entram. Pegue sua lista de manhã. Leia cada pergunta e, depois, feche os olhos e espere por uma resposta. Não force, não espere nada. Se você escutar muita tagarelice na sua mente, respire fundo e peça mentalmente para que essa tagarelice se interrompa por um momento, para que você possa limpar a mente. Independentemente da resposta que você receber após alguns minutos, essa é a resposta do dia. Avance para a próxima pergunta. Assim que você tiver as cinco respostas, prossiga e aproveite seu dia. Não volte a pensar nas perguntas. Você já fez seu trabalho do dia. O resto é para desfrute.

Repita esse procedimento todos os dias. Certo dia – ninguém consegue prever qual – uma das respostas parecerá totalmente correta para você. Isso significa que seu verdadeiro eu forneceu a resposta. Não pule de alegria ainda. Refaça a pergunta duas vezes e veja se a resposta é a mesma. Em caso positivo, remova aquela pergunta da lista. Prossiga o tempo que for necessário até conseguir cinco respostas boas e verdadeiras. O que você fez? Você chegou aonde você precisa estar. Como você é jovem, as respostas podem mudar no próximo ano; mas o que você quer são respostas neste momento. Elas servirão para tirá-la do seu padrão de comportamento.

Uma busca sem esperança

Constantemente estou em busca de "alguma coisa" e acabo exausta, perdida e triste. Achei que sobreviver ao câncer me manteria nos trilhos, vivendo simplesmente. Por um tempo, consegui, mas agora voltei a buscar e esperar. Rezo e converso com Deus, anjos e guias, mas acho que estou inventando tudo isso ou apenas fantasiando. Para onde vou a partir daqui? Sei que há mais, mas o quê? Onde?
– *Janet, 60 anos, Sacramento, Califórnia*

Talvez devamos começar com sua idade. Aos sessenta anos, é natural querer uma validação da vida. Você deve ser capaz de olhar para dentro e achar um conjunto de valores básicos pelos quais viver. Independentemente daquilo em que quer se desdobrar, faça isso com base no seu básico.

Em seu caso, o núcleo parece fraco ou ausente, o que significa uma de duas coisas: você postergou o trabalho de estabelecer um eu estável, significativo; ou esse eu foi enfraquecido por causa do trauma, da dor e da decepção. Não posso lhe dizer o que é verdade; talvez haja elementos de ambos. Em todo caso, o caminho a frente é o mesmo. O "mais" que você está buscando é você mesma. Não é uma revelação dada por anjos ou por uma epifania de Deus.

Não pretendo insinuar que você não deva procurar uma conexão com o sagrado. No entanto, se você passasse anos tentando cortar uma árvore com uma faca, não seria natural que percebesse que aquela não era a maneira correta? No seu caso, o motivo pelo qual aquela inspiração de muitas fontes não se fixou é que você não foi realista a respeito do que significa estar no caminho espiritual. Além do mais, é o caminho para a realidade. Assim, você deve se tornar realista a respeito da sua vida e começar a fazer o trabalho para se encontrar. A realidade que você busca está tão próxima quanto a respiração. Não há a necessidade de buscá-la no céu ou no vento.

A *outsider*

Nasci com um defeito físico, e, ao longo da minha vida, passei por 36 cirurgias. Quando era pequena, não sabia que havia algo errado comigo. Quando entrei na escola, porém, as coisas ficaram mais difíceis. As coisas que as outras crianças diziam eram terríveis: "Scarface, Frankenstein, você só vai arrumar um namorado se cobrir sua cabeça com um saco". Minha mãe era desatenta aos meus problemas. Meu padrasto sentou-me no seu colo, e disse: "Você nunca será bonita. Então, seja inteligente". O problema é que mesmo que eu fosse bem na escola, ele ainda me chamava de burra.

Sei que sou inteligente, atenciosa, amável e amorosa. No entanto, quando entro num recinto, vejo as pessoas me encarando e ficando estupefatas. Explicar-lhes o motivo de minha aparência só confirma o quão envergonhada me sinto a meu respeito: é um beco sem saída. Como saio dessa situação? Fiz terapia, e ainda não consigo deixar de pensar nisso.

– *Leonie, 39 anos, Baltimore, Maryland*

Seus problemas, dolorosos como são, podem ser tratados. Se o seu terapeuta não conseguiu progressos, você precisa conversar com alguém que consiga. O problema essencial é que você está carregando, na vida adulta, crenças poderosas fixadas por seus pais na infância. Sua mãe foi incapaz de superar a culpa de ter uma criança imperfeita, e seu padrasto reforçou os sentimentos dela, em vez de ajudar a solucioná-los. Antes de você ter um eu, quando era tão pequena que não tinha escolha além de ligar sua identidade à sua mãe, você foi condicionada de um modo totalmente errado.

Eu a parabenizo por reconquistar sua vida. Por meio da adversidade, você se tornou uma pessoa melhor do que todos os seus atormentadores do passado, incluindo aqueles que a criaram. Com base na própria força, sua cura depende de alcançar as realizações seguintes.

- Não era sua missão deixar sua mãe feliz.
- Não foi sua culpa ela não ter conseguido se perdoar.
- Você não falhou como criança, pois não havia jeito de você poder triunfar. Seus pais eram simplesmente quem eram.
- Você precisa de novos pais, e eles existem dentro de você. Esses pais consistem no seu próprio senso de mérito.
- Não há jeito de deixar de pensar na dor passada.
- É seguro ser diferente. Você não tem de continuar defendendo seu direito de existir.

A menos que você ache um terapeuta que trabalhe explicitamente com esses problemas básicos, não há sentido voltar ao passado. Escreva esses problemas e comece a trabalhar por si mesma. A cura está sempre ao alcance de suas mãos. Você percorreu um longo caminho. Você já compreendeu os detalhes pequenos e os importantes do problema. A cura pode ser mais difícil, mas a tarefa foi realizada muitas vezes por muitas pessoas, e assim que você achar a orientação correta, você também a realizará.

A chefe má

Oito meses atrás, pedi demissão porque minha chefe me intimidava e me desrespeitava. Quando apresentei a situação aos superiores dela, eles não fizeram nada para corrigi-la. Agora, ela me deu más referências para possíveis novos empregadores. Não consigo escapar dela. Como saio dessa?

– *Celine, 58 anos, Minneapolis, Minnesota*

Há uma resposta de curto prazo para seu dilema, e outra de longo prazo. A resposta de curto prazo é explicar o atrito de modo muito franco aos possíveis empregadores na sua entrevista de emprego. Seja afável e adulta, sem culpar sua antiga chefe ou inventar desculpas. Os empregadores selecionarão com base na sua honestidade. Ofereça-se para dar outras referências do seu antigo emprego se você quiser, mas acho que ninguém deixará de perceber quem você é só por causa de uma referência maldosa.

A resposta de longo prazo requer algum trabalho interior. Percebo que você se sente ofendida e magoada, e talvez culpada, como se você tivesse provocado o mau comportamento dela ou falhado na tentativa de acertar. Esses sentimentos são os fios que ligam você à sua antiga chefe. Você precisa conversar a respeito deles com uma pessoa madura, que a entenderá e a orientará com compaixão. Não ajuda se você continuar revivendo o passado, tentando se sentir melhor. Você tem feridas reais por dentro, mesmo que sejam invisíveis. Comece a agir para achar uma maneira de curá-las. Espero que isso ajude.

Querendo ter outro filho

Meu marido e eu temos uma linda menina que acabou de fazer quatro anos. Quero outro filho, mas meu marido não quer. Brigamos muito e agora ele está tendo problemas de desempenho sexual. Para mim, essa é apenas outra maneira de evitar o que eu quero tanto. Não consigo acreditar que ele não está percebendo o que eu estou.

– *Marianne, 36 anos, Denver, Colorado*

Você precisa aliviar a pressão sobre seu marido e sobre si mesma. O estresse o está deixando sem energia. Posso sugerir um momento de pausa? Sente-se e escreva uma carta para ele listando todos os motivos para ter um novo bebê, expressando-se da maneira mais plena possível. Peça para que ele lhe escreva uma carta expondo os motivos dele para não ter outro filho, manifestando todas as dúvidas dele.

Depois de cada um ler a carta do outro, em particular, coloque as cartas de lado por quatro meses. Não traga a tona o assunto de novo. Deixe que o tempo faça seu trabalho. No final de quatro meses, volte a pegar as cartas. Leia apenas a sua, e pergunte-se se sua posição mudou. Seu marido deve fazer o mesmo. Se nenhum dos dois mudou de ideia, volte a colocar as cartas de lado por mais quatro meses. Mas se, como suspeito, há uma redução da resistência de uma ou outra posição, conversem. Se ainda não houver um acordo, escrevam novas cartas. Acho que isso funcionará se vocês realmente prometerem deixar o assunto de lado nesse período.

Rixa familiar

Meu filho e meu marido tiveram uma discussão acalorada no Natal, e, embora meu marido tivesse se desculpado e pedido uma segunda chance, meu filho e sua noiva se mantêm irredutíveis. Meu filho nos culpa por tudo de ruim na sua vida. Estamos arrasados, mas ele está controlando a situação. Tínhamos uma boa família até isso acontecer.

– *Carlene, 56 anos, New Hampshire*

Uma boa família pode ser destruída por meio de uma única discussão, por mais feroz? Há um ressentimento oculto nesse caso, e estava oculto há algum tempo. Os sentimentos do seu filho são totalmente justificados como ele os enxerga, e totalmente injustificados como você e seu marido os enxergam. Vocês chegaram a um impasse. Quando isso acontece, a melhor coisa a fazer é recuar. Ter uma outra pessoa, a noiva dele, no meio só fortalece a distância entre vocês.

Como você tem 56 anos, suponho que seu filho seja adulto. Ele não parece estar agindo como tal. As probabilidades são que ele esteja sendo emocionalmente imaturo; a petulância parece adolescente do modo como você a descreve. No entanto, como você afirma, ele controla a situação. Ele está frente a frente com a milenar questão: "Posso retornar a casa de novo?"

A resposta é sim, mas há uma condição. Você pode retornar a casa de novo depois de ter feito as pazes com o passado. Gostaria de ter melhores notícias para você, mas seu filho não está em paz. Ele não está estendendo a mão para você em busca de conselhos ou cura. Gostaria que ele estivesse. Mas por agora, deixe-o manter distância. Não o pressione. Seja polida e amável ao telefone se ele ligar. Com o tempo, ele se lembrará das boas coisas a respeito de você e do pai. Quando isso acontecer, dependerá dele o primeiro gesto de reconciliação.

Iluminada ou feliz?
A iluminação e a felicidade são a mesma coisa?
– *Dee, 52 anos, Boston*

A simplicidade e objetividade de sua pergunta são revigorantes. No entanto, estou em uma situação difícil por não saber por que você fez essa pergunta. Se você sentir que a iluminação é uma boa maneira de ser feliz, essa esperança é provavelmente uma ilusão. A iluminação significa o despertar da consciência plena, um estado em que as preocupações do ego não existem mais. É um estado distante sob qualquer parâmetro.

Mas para chegar à iluminação, uma pessoa deve percorrer o caminho espiritual e, de fato, essa jornada aumenta a felicidade. Isso acontece por causa de onde o caminho leva: cada vez mais perto do verdadeiro eu. O verdadeiro eu se situa no cerne do eu. Ele não é ofuscado pelos altos e baixos diários da vida. O verdadeiro eu não possui agenda. Contenta-se simplesmente em *ser*. No ser, há uma qualidade de felicidade que é inocente e simples.

Todos nós vivenciamos isso nos momentos em que estamos num estado de prazer pacífico: é como contemplarmos o céu azul de um dia de primavera sem o menor pensamento de preocupação dentro de nós.

Nem todo céu será azul, e nem todos os dias serão primaveris. Assim, no caminho espiritual, uma pessoa aprende a achar esse tipo de felicidade sem precisar que coisas boas aconteçam do lado de fora. Em vez disso, você encontra a felicidade sendo quem realmente é. Isso não é misticismo. As crianças pequenas são felizes sendo quem são. O ardil é recuperar esse estado quando você é adulto e viu os lados luminosos e sombrios da vida. Eu o estimulo a testar o caminho por si mesmo. Para orientação, escrevi recentemente o livro *The Ultimate Happiness Prescription*, que fala a respeito do caminho para a felicidade em detalhes.

Quando é traição?

Estou casada, ou morando com o mesmo homem, há seis anos, e estamos criando juntos três adolescentes. Antes do nosso casamento, meu marido me traiu com a mãe do seu filho mais novo. Como essa mulher é a mãe do filho dele, ela ainda faz parte das nossas vidas. Recentemente, descobri que meu marido estava telefonando para ela em segredo. Ele diz que não está me traindo e que preciso esquecer isso. No entanto, sinto-me enganada. Devo deixá-lo? Tenho o direito de me sentir dessa maneira? Estou confusa.
– *Sherry, 35 anos, Los Angeles*

Quase toda pessoa compartilharia sua reação. Trair é mais do que uma ação, é uma atitude. Para a traição cessar, os homens (suponhamos que estamos falando de maridos que traem só pelo momento) devem primeiro mudar de atitude. Só então a mudança de comportamento significará realmente alguma coisa. Se só o comportamento mudar, o resultado será superficial. A mulher se sentirá sempre nervosa e insegura a respeito de uma recaída, como você se sente neste momento.

Não insisto que "uma vez traidor, sempre traidor", mas essa máxima nasceu com o resultado de experiências amargas. A seguir, listei os ingredientes presentes na psiquê de um traidor.

- Quanto mais mulheres eu tiver, mais atraente me sentirei.
- Os homens não são programados para ser monogâmicos.
- Dormir com outras mulheres me dá um espaço para respirar no meu casamento. É como tirar férias.
- A outra mulher não significa nada. Não entendo por que minha mulher fica tão angustiada.
- Um homem de verdade pode satisfazer mais do que uma mulher.
- Faço tudo que posso para escapar impune.
- Tenho o direito de ser eu mesmo, e esse é quem eu sou.
- É mais fácil procurar outra mulher do que enfrentar os problemas com minha mulher.
- É culpa da minha mulher. Ela não me satisfaz.
- Sou liberal, e não há nada a fazer se as outras pessoas, incluindo minha mulher, não são.

Não estou dizendo que seu marido acolhe todas essas atitudes – nenhum traidor acolhe –, mas sua carta indica muitas delas. Ele as tornou parte dele. É a história dele, e ele está preso a isso. Você é capaz de fazê-lo mudar por amor a você? Não. Se ele a amasse o suficiente para mudar a história dele, ele não a trairia.

Não quero parecer sombrio. Tenha esperança, mas siga de perto sua esperança. Se o seu marido está falando a verdade e não a está traindo mais, você precisa assumir a responsabilidade e lidar com sua própria insegurança. É inevitável que ter um marido que trai é devastador para a sensação de ser desejável, digna, protegida, acalentada e estimada. Você deve usar seu estado vulnerável para adquirir essas coisas por si mesma. Mas se você for empreender essa jornada para se curar, o primeiro passo será que seu marido concorde em mudar a atitude dele. Caso contrário, você está tentando esvaziar a banheira enquanto ele continua inundando-a com mais água.

Luto prolongado

Há dez anos, meu único filho morreu num acidente de carro. Ele tinha 23 anos e era minha estrela luminosa. Nós dois trabalhávamos na sala de emergência do hospital local. O pai dele e eu nos divorciamos quando meu filho tinha três anos. Depois da perda devastadora do meu filho, só agora estou começando a recuperar o fôlego. Sofro de transtorno de estresse pós-traumático por causa disso, e minha espiritualidade ficou seriamente abalada. Sinto-me muito desconectada de tudo e de todos, embora a maioria das pessoas não perceba. Moro num lugar muito bom, em Yellowstone River, e encontro conforto observando a fauna selvagem perto do rio, especialmente no inverno, quando as águias aparecem. Mas meu sofrimento mental não acabou, e não sei o que fazer.

– *Brenda, 63 anos, Montana*

O luto é uma condição devastadora nessas circunstâncias, e sinto compaixão sincera por você. No entanto, também vou ser realista, o que requer alguma rudeza. Você estava vivendo por meio do seu filho, como tão frequentemente ocorre com mães divorciadas. Ele se tornou parte de você e, depois que ele morreu, parte de sua identidade se foi com ele. Isso acontece em relações íntimas, em que duas pessoas criam uma pessoa única, cada uma preenchendo as lacunas na psiquê da outra.

No devido tempo, um filho de 23 anos teria encontrado um jeito de se separar e, embora o processo fosse difícil, você conservaria o amor dele. Com a separação súbita devido à morte acidental, as sensações de entorpecimento, confusão, alienação, depressão e "morte ambulante" que você sente agora são resultado de não ser capaz de reunir uma pessoa completa dentre os fragmentos deixados para trás.

Para você, a leitura de livros sobre espiritualidade, embora confortante, não indicou a direção correta; você ficou mais enclausurada e isolada. Alegro-me que você tenha o bálsamo da natureza para confortá-la, mas um grande projeto prático se apresenta: repor seu eu sem as peças ausentes do seu filho. Eis os passos principais desse projeto:

1. Decida que você quer ser uma pessoa completa.
2. Reconheça que seu filho não pode preencher novamente as lacunas que preencheu no passado.
3. Julgue-se como alguém que merece ser feliz e digno de um futuro maravilhoso.
4. Conecte-se com pessoas que querem que você seja completa.
5. Peça às pessoas mais maduras e completas da sua vida que a ajudem e a apoiem.
6. Encontre um mentor ou um terapeuta que possa refletir seu progresso e reveses de modo realista.
7. Lide com os resíduos da memória, da perda, do luto e da ferida emocional.
8. Afaste-se do papel de vítima de uma vez por todas.
9. Aprenda a respeitar seu luto, dando, ao mesmo tempo, um lugar maior para o amor.

Anote esses nove passos e os leve em consideração com seriedade. Esperar passivamente que o tempo a cure não funcionará. Você deve trabalhar para se tornar objetiva e realista. Deve estar plenamente comprometida para recuperar a própria vida. Se conseguir fazer isso, você será um memorial vivo para seu filho, em vez de uma lápide. Um memorial vivo é algo de que ele ficaria orgulhoso.

Sentindo-se deprimida, ou há algo a mais?

Tentei mudar meu processo mental para pensar de modo mais positivo. Os pensamentos negativos surgem, mas quero afastá-los e ignorá-los. Consigo na maioria das vezes, mas há momentos de depressão. Não estou tomando medicamentos e não quero tomá-los. Qual é um bom primeiro passo para mudar essa situação e começar a criar a própria realidade, já que sei que posso?

– *Jennifer, 47 anos, Virgínia do Norte*

Sempre que uma pessoa diz "Sinto-me deprimida", em geral um motivo surge na sequência, mas sua carta é bastante reticente. Você só revela que luta contra pensamentos negativos e quer reassegurar que é capaz de voltar a ter pensamentos positivos, indicando um estado de insegurança. Por que você receia que não será capaz?

A resposta a essa pergunta está dentro de você mesma. Assim, o primeiro passo é olhar para si com atenção e encontrar um motivo para seu estado deprimido. Por exemplo:

- Estou presa numa situação ruim.
- Alguém está me controlando.
- Sinto-me incapaz de mudar minhas circunstâncias.
- Sinto-me como uma vítima.
- Sinto que nunca terei êxito.
- Estou numa grande carência.
- Estou tendo oscilações de humor há muito tempo, mas não entendo por quê.

Não são respostas pré-fabricadas. Não quero que você as aplique para si sem reflexão. Mas se alguma se aplicar, indica uma saída. Por exemplo, as circunstâncias e situações ruins que a fazem se sentir presa podem ser mudadas. Nesse caso, você deve se afastar até pousar em algum lugar mais seguro. Da mesma forma, se alguém estiver controlando sua vida, você precisará recuperá-la para si. Se você se sentir fracassada ou desesperançada, precisa lidar com problemas de autoestima. Se seu humor ficar negativo sem que você descubra o motivo, cuidados médicos serão indicados.

Como a depressão a faz se sentir indefesa e desesperançada, a tendência dela é toldar a verdade. A verdade que você precisa vislumbrar é que existe uma saída. Não tenho tanta certeza de que você esteja deprimida. Minha sensação é que você se sente insegura e controlada por motivos que não revelou. Talvez você não se sinta segura o suficiente até para revelar o problema numa carta.

Pisando sem dó
Tenho uma amiga de longa data que está sempre no meio de uma crise. Ela me liga para reclamar de solidão, e não consegue pensar em nada pelo que sinta gratidão. Toma remédios para transtorno bipolar e bebe muito. Também fuma, envolve-se com homens casados, e está quase perdendo a casa depois de torrar uma grande herança. Escutei-a com atenção solidária por anos, e me preocupei com o bem-estar dela, mas, recentemente, comecei a me sentir como uma facilitadora. Os telefonemas são emocionalmente exaustivos, mas minhas sugestões para ela ser mais positiva provocam ressentimentos. O que devo fazer?
– *Selma, 35 anos, Chicago*

Os leitores devem estar balançando a cabeça negativamente, perguntando-se por que você aceita ser pisada sem dó. Você desperdiçou anos entregando-se aos diversos problemas autoinfligidos de sua amiga, um papel muito ingrato. Deixou de se levar em consideração, enquanto ela magnetiza toda conversa para si mesma. Agora, para coroar, você está procurando jeitos de se sentir culpada por não fazer o suficiente.
Procure desenvolver a qualidade interior conhecida como força. Caso contrário, mesmo se você abandoná-la, voltará a ser pisada sem dó por outra pessoa. O primeiro lugar para começar é com os limites. Sua amiga abusou de você porque você deixou, e quando você – com delicadeza e gentileza – rebelou-se, ela ficou indignada. Deixe que ela siga o caminho dela. Aprenda a dizer não verificando primeiro como você se sente. Se alguém está tirando proveito, o sentimento nunca é bom. Observe quando não parece bom, e imponha limites, como "Só posso conversar durante alguns minutos". Então, quando você achar que seus limites são respeitados, descobrirá que, tão bom quanto ajudar aos outros, também é bom ser forte.

Ele deve ir ou deve ficar?

Casei com meu marido há dezessete anos, ainda que eu não o amasse. Como mãe solteira, quis que meus filhos tivessem uma família de verdade. "É a coisa certa a fazer", disse para mim mesma. Agora que minha filha é adulta o suficiente para sair de casa e meu filho não está muito longe disso, sinto como se o mundo estivesse se fechando sobre mim. Tudo que me resta é um casamento morno – não tão ruim que tenha de abandonar, nem tão bom que possa aproveitar. Sinto-me acomodada, e acomodada de modo infeliz. Ajude-me a saber se isso é apenas uma fase relativa à menopausa ou um clamor da minha alma.

– *May, 46 anos, Seattle*

Quando as pessoas trazem à tona diversos problemas, uma categoria se sobressai. Independentemente do problema, independentemente do conflito, em algum nível, a pessoa já sabe o que fazer. Fundamentalmente, ela está pedindo permissão para fazer isso. Você cai dentro dessa categoria. Ninguém formula perguntas capciosas, como "Devo ficar me sentindo entediada e infeliz?", a menos que já conheça a resposta. No seu ponto de vista, o que deixaria um casamento ruim o suficiente para abandoná-lo: seu marido ter ateado fogo em você?

Há um aspecto comovente na sua situação: você valoriza o dever – fazer a coisa certa – em detrimento da felicidade. Isso não está na moda e, de certa forma, é nobre. No entanto, você fez um pacto demoníaco nesse casamento, e podemos nos perguntar por que seu marido quis uma mulher que não o amava. Acho que é óbvio que vocês dois não se comunicam em nenhum nível de intimidade ou honestidade emocional. Assim, cair fora do casamento pode ser a coisa mais honesta que você fará em muitos anos. Eu aplaudo seu despertar.

O problema com a vida é...

Estou incomodada como a expressão "que todas as criaturas sejam abençoadas". Como todas as criaturas podem ser abençoadas ao mesmo tempo? Às vezes, a vida de um ser envolve a morte de outro. Se você olhar ao redor, a vida se alimenta da vida para sobreviver. Mesmo os vegetarianos, que não usam couro, pleiteiam alguma parte da terra como seu espaço e precisarão banir ou matar os insetos que vivem ali. A pessoa precisa fazer uma distinção entre bênção física e bênção espiritual para justificar esse aparente paradoxo?

– *Lee Ann, 54 anos, El Paso, Texas*

Meu primeiro instinto é perguntar se você é uma preocupada crônica. Você não tem de se frustrar formulando perguntas decisivas para as quais não existem respostas. Uma bênção expressa sentimentos cálidos, vontades e graças. As bênçãos não foram criadas por filósofos com doutorado. No entanto, refletindo, noto que sua pergunta é mais indireta. Você não está preocupada acerca dos vegetarianos que machucam as cenouras que arrancam da terra. Você está preocupada a respeito da existência da crueldade e da dor, o tipo de dor que cada vida traz consigo.

A questão do sofrimento não está resolvida para você, e admiro isso. No entanto, enfoquemos *seu* sofrimento, em vez do que aflige a vida em si. Se você vivencia a própria vida como uma coisa cheia de riscos, perigos, falsidades, desumanidades etc., isso significa que você é uma pessoa sensível. Mesmo se eu solucionar essa questão moral, esses sentimentos não serão eliminados. O que os eliminará? Considere sua empatia com seriedade, e faça uma das duas coisas: ajude aqueles que estão sofrendo e sentem dor ou comece a trilhar o caminho da autoconsciência. É claro que não são escolhas incompatíveis.

Acho que você descobrirá, assim que começar a ajudar aos outros, que o sofrimento não mata o espírito humano. Estamos aqui para questionar e ansiar. Se lidarmos com nossa natureza de modo saudável, esse anseio nos fará crescer. Caso contrário, ficamos sentados sem fazer nada e preocupados com a falta de resultados e mais preocupados.

Suportando rabugices

Com o passar dos anos, meu marido foi ficando rabugento, a ponto de eu não querer sair em público com ele. Ele encontra defeito em tudo, e não consegue resistir a fazer um discurso bombástico para mim e para todos ao alcance da audição. Nos restaurantes, repreende o garçom. Utiliza uma linguagem terrível ao telefone. Quanto a mim, critica o menor incidente. Dois anos atrás, escrevi uma carta para ele dizendo que não toleraria mais seu mau comportamento. Se ele não mudasse, nossa relação chegaria ao fim. Depois disso, as coisas caminharam bem até seis meses atrás, quando o mau humor e o comportamento rude voltaram. Acredite ou não, ainda amo meu marido, mas não gosto dele. O que devo fazer?

– *Elizabeth, 65 anos, Detroit*

Escuto uma voz interior, a mesma da maioria dos leitores, murmurando: "Largue esse homem". Seu marido está se manifestando, mesmo com melhoras temporárias. Mas você não pode se separar até tomar algumas decisões básicas. A primeira é a mais importante: essa é uma situação que você é capaz de consertar? Para você responder sim, o seguinte deve ser verdade:

- Seu marido reconhece e admite o problema.
- Ele se arrepende de perder a paciência.
- Ele pede ajuda.
- Ele quer incluí-la no processo de cura.
- Você enxerga sinais de melhoria quando você começa a agir.

No seu caso, o último ponto é motivo de esperança. Você percebeu sinais de melhoria quando apresentou um ultimato ao seu marido. Ele a levou a sério, mas agora ele teve uma recaída. Você é capaz de ser entendida por ele de novo? Os ultimatos deixam de funcionar após a primeira vez; eles se transformam em ameaças vazias assim que você demonstra que não vai se separar.

Além disso, sinto que o seu objetivo é agradar as pessoas. Talvez seja necessária orientação profissional para guiar sua decisão. Só depois que um orientador ou terapeuta ajudá-la a perceber que o conserto é impossível, você encontrará forças para se livrar sem culpa e remorso. Posso assegurar-lhe que a vida desse homem se deteriorará rápido sem você.

Também gostaria de falar um pouco mais a respeito da raiva dele. Na idade do seu marido, suponho que ele esteja aposentado. Os homens que deixam um trabalho que significou tudo para eles terminam se sentindo amargos e injustiçados. É essa amargura interior que provoca as explosões. Ele se sente "melhor" fazendo os outros se sentirem piores. A sensação de perda poderia ser compensada se ele mostrasse aos outros que está em apuros. No entanto, como ele não quer admitir que está em apuros, exibe seus sentimentos ocultos, como a raiva. Se você sentir que ocorreu uma mudança súbita de personalidade, considere também a realização de exames médicos.

Há outros ingredientes que vêm a mente, como a necessidade dele de ter razão. Esse é um sintoma de problemas de controle. Talvez, no trabalho, ele tivesse autoridade e pudesse dizer aos outros como fazer o trabalho. Quem sabe ele sempre tenha sido um perfeccionista temperamental ou alguém que nunca conseguiu ficar satisfeito. A idade pode ter exacerbado essas tendências. Isso ocorre porque as pessoas mais velhas frequentemente afrouxam seus limites sociais. A desculpa deles para ficarem grosseiros é: "Sou muito velho para me importar a respeito do que as outras pessoas pensam". Isso é triste, mas muito comum.

Espero que eu tenha lhe dado informações suficientes para você fazer as escolhas certas, nenhuma delas muito fácil. Você não precisa viver com um rabugento insuportável, que não quer admitir que é ele a pessoa que precisa acertar, e não o garçom que derrama o café. Não volte à situação de inércia. Se você se analisar com atenção, encontrará os meios de fazer algumas escolhas difíceis.

Instabilidade amorosa

Vivo uma relação feliz há dezesseis meses e nunca me senti tão apaixonada na vida. Ele me ama incondicionalmente e me diz isso em todas as oportunidades. Então, por que me sinto tão insegura? Por que, de repente, entro em pânico achando que vou perdê-lo para outra mulher? Não quero estragar isso com sentimentos negativos que não consigo superar.

– *Laura, 43 anos, Nova Jersey*

Bem, o amor é assim. Gera dor e alegria ao mesmo tempo, e pelo mesmo motivo, pois aspectos mais profundos de nós mesmos são trazidos à tona. A franqueza que o amor traz, se você tiver sorte, não faz você só estar aberta às melhores coisas da vida, você também volta a se sentir como uma criança, e isso traz uma sensação de necessidade, que nos torna muito vulneráveis.

Também me detive na sua expressão "amor incondicional". Ninguém que conheceu só há dezesseis meses pode amá-la incondicionalmente. É uma promessa amável e um objetivo desejável, mas você ainda não chegou lá. Uma parte de você sabe disso. Você não é uma adolescente, já amou e deixou de amar antes. Portanto, meu conselho é que você considere seus sentimentos como a confusão normal do amor e avance. Quando alguém me pergunta "Como eu encontro a pessoa certa?", respondo: "Não procure a pessoa certa. Seja a pessoa certa". O mesmo vale para você.

Olhe para isso dessa maneira

Quando olho em volta, vejo que há muita dor e sofrimento provocados por maldades, catástrofes e crises econômicas. O perigo está rondando em torno de nós o tempo todo, ou há outra maneira de olhar para as coisas?

– *Len, 31 anos, Portland, Oregon*

Tenho certeza de que você percebe que há outra maneira de olhar para as coisas. Assim, a pergunta real é como adotar a outra maneira. Você não consegue dizer para si para ver a luz do sol num dia chuvoso. Se você tentar, estará se iludindo. Muitas pessoas, achando-se realistas, sentem o mesmo a respeito do bem e do mal. Elas não querem tirar os olhos dos aspectos negativos da vida, pois o realismo demanda que consideremos o amargo e o doce.

No entanto, quem disse que o amargo é mais real que o doce? Se sua visão de vida contiver amor e paz, se você renunciou à violência, se você se colocou no caminho espiritual, isso não significa que você não seja realista. Significa que você visa uma realidade superior. Não quero dizer Deus, embora não esteja excluindo a religião. Estamos falando de potencial oculto. A natureza humana é ambígua; contém tanto escuridão como luz. Você pode escolher aceitar a escuridão e se lamentar, ou você pode escolher expandir a luz até a escuridão não dominar mais.

Não é possível se esquivar dessa escolha, que é muito pessoal. Sei que milhões de pessoas são alienadas e estão desencantadas. Elas se sentam passivamente e assistem às últimas notícias de violência e catástrofes, corrupção e delitos veiculadas pelo telejornal da noite. Mas o antigo adágio é verdadeiro: uma vela é suficiente para acabar com a escuridão. Assim que você escolhe elevar a própria consciência, você terá feito o máximo possível para derrotar o lado sombrio da natureza humana e descobrir que uma realidade superior pode realmente ser encontrada e vivida.

Padrão de abuso
Estou divorciada há quase cinco anos. Fiquei casada por vinte, mas meu ex era emocionalmente abusivo. O primeiro relacionamento que tive depois do divórcio acabou mal por causa do alcoolismo [do meu namorado]. Agora receio que vou acabar novamente num relacionamento desastroso. Como posso quebrar o padrão e progredir?

– *Rhonda, 46 anos, Grand Rapids, Michigan*

Ser sugada em relações abusivas envolve duas tendências que estão intimamente ligadas. A primeira é a tendência de ignorar os sinais de advertência. As pessoas não são livros fechados ou códigos secretos. Elas emitem sinais. Comportam-se de modos indicativos. Se você não ignorar os sinais de advertência, não será difícil perceber quem vai ser abusivo, controlador, egocêntrico, indiferente, dominador, cruel ou muito dependente. Não estou dizendo que os homens que você conhecer vão se apresentar com total sinceridade ou honestidade. Claro que não; ninguém faz isso. Nós expomos nossos melhores lados nas situações sociais, especialmente quando queremos conquistar alguém.

A segunda tendência é não perceber os sinais que lhe dizem quem é um bom par para você. Aparentemente, não perceber os sinais de perigo é bastante comum. Você quer perceber o melhor dos outros. Você acha, com razão, que a suspeita e a desconfiança não são coisas boas para uma nova relação. No entanto, ignorar o virtuoso nos outros também é destrutivo. Como a maioria das pessoas tem uma imagem em suas mentes da "pessoa certa", descarta as outras pessoas com base nessa imagem. Pense nos homens que você rejeitou, classificando-os como chatos, feios, pobres, pouco inteligentes etc., quando, na realidade, a única falha deles era não pôr em prática uma imagem artificial. Isso se deve à dependência da sociedade em relação às qualidades externas, que são consideradas as mais importantes. Dezenas de solteiros belos, bem-sucedidos e charmosos participaram de programas de tevê com a intenção de encontrar moças solteiras para formarem pares perfeitos. Quantos casamentos felizes resultaram disso? Um ou dois, no máximo, e mesmo esses ainda precisam resistir ao teste do tempo.

A questão crítica, então, é saber como superar as duas tendências. Você quer reconhecer os sinais de advertência antecipadamente, mas também as virtudes ocultas. A capacidade de fazer essas coisas chega naturalmente, mas bloqueamos isso de diversas maneiras. Você mencionou um grande obstáculo: o medo baseado em fracassos e mágoas do passado. Como Mark Twain observou certa vez: um gato que se sentou sobre um fogão quente não vai se sentar em nenhum outro fogão depois disso, quer esteja quente quer não. Ou seja, você não pode confiar nas suas antigas feridas. Tem de aprender a estar aberta e renovada quando as oportunidades surgirem. Deve aprender a olhar para além de sua imagem arraigada, que a impede de enxergar as outras pessoas como realmente são, sempre uma mistura de bom e mau.

Muito disso corresponde à ambivalência. Quando você consegue perceber o bom e o mau em alguém, como você reage? Se você for uma pessoa madura, aceita o que é bom e tolera o que é mau, mas só até certo ponto. Ser ambivalente não é o mesmo que um romance perfeito. É um estado de tolerância. Tendo alcançado esse estado, algo novo emerge. Não mais cegada pela fantasia do amor perfeito, você descobre que é menos crítica, não julga tanto os outros, sente menos medo e desconfiança. Nesse momento, será capaz de fazer a coisa mais importante: saberá o que precisa e saberá como obtê-lo. A maioria das pessoas se sente confusa acerca do que realmente precisa e, portanto, procura nos lugares errados.

Aventaria que você precisa de segurança, confiança, apoio, amor e proteção, nessa ordem. Não podemos descontar os relacionamentos que lhe feriram no passado. Num estágio mais avançado, quando você se sentir segura e confiante, você pode procurar amor, compaixão e sabedoria como primeiras prioridades. Depois de identificar suas necessidades, considere um possível companheiro de modo realista, como alguém que pode satisfazer suas necessidades. Namore, relacione-se por um tempo, e teste as capacidades da outra pessoa. Sei o quão fácil é sentir que você não é capaz de estabelecer demandas. Você concentra suas energias em agradar o outro. Constrangidamente, preocupa-se em ser jovem o suficiente, bonita o suficiente, e boa o suficiente. Assim, os maus relacionamentos explodem diante de você. Concentrando-se nas próprias deficiências, você não conseguiu testar se a outra pessoa realmente atende às suas necessidades.

Assim que você redirecionar sua atenção, pode começar a ser realista acerca de quem é essa outra pessoa e o que ela pode lhe dar. Considero esse o passo mais importante, e espero ter lhe dado pistas suficientes a respeito do que procurar no futuro, para que ele não seja mera repetição do passado.

Gafanhoto espiritual
Independentemente de quanto trabalho em alguma coisa, independentemente de quanto alcanço para os outros, independentemente de quanto medito, contribuo ou altero meu estado mental, tudo na minha vida continua na mesma. Nada jamais muda. Trabalho minha vida interior e exterior, mas minha situação não se altera. O que está errado, e por que estou imobilizada?
– *Danny, 50 anos, Atenas, Grécia*

Você está sofrendo de um caso de superficialidade. Se eu pedisse para você preparar o jantar, você correria para a cozinha, abriria os armários e começaria a jogar comida no chão? Isso é o que você está fazendo com sua vida. Você é como um pássaro assustado correndo de uma coisa para outra. O tom de sua carta é de um melodrama que beira a histeria. Desconfio que você seja uma pessoa esgotada, mas encantadora, que hesita e se queixa, mas avança perfeitamente. Assim, meu conselho é: ponha-se na frente do espelho e decida quando você quer se tornar séria. Nesse momento, a ajuda virá, assim como a mudança.

O que você está vivenciando agora é quase uma mudança constante, mas está desperdiçando seu tempo. Felizmente, se há um poder superior, ele também toma conta dos gafanhotos espirituais.

O que significam meus sonhos?
Às vezes, tenho sonhos que não significam nada, mas, muitas vezes, tenho sonhos que são mensagens. Esses sonhos parecem ligados a coisas que acontecerão no futuro próximo. Quando sonho a respeito do meu filho mais velho, a maior parte das vezes é um

aviso para ele, e ele já foi salvo algumas vezes. Em dezembro, tive um sonho acerca de quatro pessoas que morriam no mesmo dia. Posteriormente, naquela semana, li a notícia de que quatro operários da construção civil tinham caído de um prédio e morrido. Não quero dizer que tenho poderes, mas, no fundo do coração, sinto que algo real está em marcha. Está tudo na minha cabeça ou há um nome específico para isso?

– *Carla, 35 anos, Tampa, Flórida*

Concordo que algo está acontecendo, mas nem sempre é fácil achar um nome para isso. É ainda mais difícil fazer os outros acreditarem numa experiência que não tiveram. Os sonhos têm uma longa história de transmissão de mensagens. No mínimo, foram considerados significativos e misteriosos. No presente, porém, o pêndulo oscilou de outra maneira, e os neurocientistas tendem a afirmar que os sonhos representam atividades cerebrais aleatórias ou confusas.

Se os sonhos fazem sentido para você, não se trata de uma confirmação suficiente? Também tenho sonhos significativos. Às vezes, servem como estímulos para a criatividade. Outras vezes, comentam meu estado emocional corrente ou coisas que parecem incertas no futuro. Por sua natureza, os sonhos são pessoais e imprevisíveis.

Seus sonhos contêm o elemento da premonição. Você enxerga ou sente os eventos futuros, geralmente os eventos negativos. Por quê? Porque apesar de quaisquer preocupações a respeito de ser chamada de iludida ou excêntrica, você abriu um canal para uma parte mais sutil da sua mente. Você se deu permissão para adentrar no domínio da intuição e do *insight*; ou talvez devamos falar de visão remota. Alegre-se com isso. Milhões de pessoas menos abertas do que você fecharam os níveis mais sutis da mente e não têm acesso à intuição e ao *insight*. Quanto ao uso prático dos seus sonhos, muito depende do que você considera aceitável. Talvez você possa ajudar mais pessoas do que apenas seu filho. Ou talvez isso permaneça uma experiência particular. Não resista a qualquer possibilidade. Deixe que a orientação do seu coração a leve para o próximo passo.

Um nível por vez

Há muitos anos estou numa jornada de cura, que foi se tornando cada vez mais espiritual. Assim, fiquei mais sintonizada com coisas que fazem eu me sentir completa e justa. No entanto, há uma pessoa na minha vida, meu marido, fruto de uma união estável, que continua me puxando de volta para as sombras da dúvida e da negatividade. Estou confusa a respeito de como devo perceber nosso relacionamento. Estamos criando duas filhas. Não sinto uma ligação íntima com esse homem, mas continuo com ele, pois sinto uma responsabilidade moral nesse sentido. Temos duas filhas jovens a considerar. Tento acreditar que posso alcançar a paz interior sem levá-lo em consideração. Ele acha que representamos uma família normal (a partir da aparência exterior). Ele também se preocupa muito com sua autoimagem, que sofreria um duro golpe se nós nos separássemos. Devo continuar na minha jornada pessoal e, ao mesmo tempo, permanecer numa relação insatisfatória?
– *Gloria, 31 anos, Ontário*

Seu dilema possui dois níveis que você misturou, sendo isso a principal fonte da sua atual confusão. Separemos os dois e vejamos se alguma clareza pode ser alcançada.

No primeiro nível, você vive com um homem com quem não está intimamente conectada e que não quer que as coisas mudem. É um problema de autoestima. Você se sente atraente e valiosa? Em caso afirmativo, você não viveria com ele em uma base falsa, fingindo ser normal, quando cada fibra do seu ser lhe diz que a realidade da sua relação é disfuncional. Mas isso não significa que você deve se separar amanhã. Sua prioridade deve ser olhar para si e descobrir por que você se sente detestável, sem valor, envergonhada, vitimizada ou não merecedora de nada melhor do que esse tipo de mau tratamento.

Não estou sugerindo que todos esses termos se aplicam, mas apenas que você precisa ir ao fundo dos seus motivos. Nós conhecemos os motivos dele. Ele quer mantê-la completamente sob controle. Você racionaliza sua armadilha usando a moralidade e citando suas filhas. Em que sentido é moral criar filhos numa atmosfera infeliz? Acho que se você olhar um pouco mais fundo verá que o que a mantém nisso é a insegurança e o medo. São problemas pessoais sérios, mas que podem ser enfrentados, acho que você deve enfrentá-los.

No segundo nível, você também quer crescer espiritualmente. Sua vida inteira não está lhe enviando uma mensagem espiritual nesse momento? A mensagem é "Você não está no lugar certo emocionalmente. Você está se contentando com muito pouco. Sua consciência é dominada pela resistência". Seu companheiro é adulto, embora um adulto egoísta e limitado. Aceite a palavra dele: ele não tem interesse em se juntar a você na sua jornada de desenvolvimento pessoal. Talvez ele se sinta ameaçado por isso; talvez ele ache isso ridículo; talvez ele esteja apenas entediado. Mas você, sem dúvida, pode perceber que ele não vai apoiá-la.

Depois de eliminar essa fantasia, você descobrirá que debaixo da autoilusão há uma quantidade considerável de dor e pesar. Sinto muito por isso, mas, para ser sincero, o caminho espiritual consiste em confrontar a resistência e achar a força interior. Caso contrário, toda a iniciativa se transforma facilmente em uma brincadeira numa terra de sonhos. Alegro-me que você se sinta apoiada, ao menos um pouco, pelo seu espírito, dadas as difíceis circunstâncias. No entanto, seu espírito não quer que você fique aprisionada numa armadilha como essa. Não quer que você se refugie em algum tipo de paz mística, enquanto tudo ao seu redor é rejeição e obstáculos. O lado positivo das suas reflexões é que sua vida pode ser muito melhor.

Solucione o primeiro nível do dilema, e o segundo começará a se resolver por si próprio.

Ir para dentro de si mesmo

Como alguém "vai para dentro" de si mesmo?
– *Marian, 48 anos, Atlanta*

Obrigado pela sua inestimável pergunta. Quando você sabe exatamente o que significa ir para dentro de si mesmo, muitos enigmas acerca do desenvolvimento pessoal começam a se esclarecer. Na realidade, todas as pessoas já estão indo para dentro de si mesmas. Se alguém lhe perguntar como você se sente, o que você está pensando, ou se você se lembrou de trancar a porta, você, automaticamente, vai para dentro de si mesmo em busca da resposta. Sua atenção não está mais no mundo exterior, mas sim no mundo interior.

O que você descobre quando vai para dentro de si mesma? Um mundo rico, repleto de pensamentos, sentimentos, sensações, memórias, esperanças, desejos, sonhos e medos. Ninguém está imune à sedução desse mundo. Vivenciamo-nos ali, e tudo que podemos talvez imaginar. Mas para cada experiência prazerosa, há outra dolorosa.

Ali é o ponto de partida do crescimento espiritual, pois os seres humanos, percebendo que sua dor estava centrada no interior – por meio de pensamentos dolorosos, memórias, agouros e culpa – quiseram um caminho para fora. É possível ir para dentro de si mesmo e não vivenciar a dor? Mesmo quando você se sente feliz e seu dia está dando certo, a sombra das iminentes coisas ruins não pode ser negada. Assim, o nível do pensamento não está onde existe a cura para a dor. Ninguém é capaz de controlar os pensamentos dolorosos.

Por isso, todos os grandes guias espirituais ensinam que há outro nível da mente, dominado pelo silêncio. Se você conseguir vivenciar esse silêncio, sua mente começará a mudar. Em vez de ser dominada pelo medo, pela culpa e por outras formas de dor interior, será dominada por um estado sereno, estacionário. A partir desse estado, floresce uma sensação de bem-estar e um sentimento de que você está segura. Se você prosseguir no caminho e continuar vivenciando o silêncio interior, a paz desponta, e, em seguida, a alegria e a felicidade. Esse é o desdobramento do verdadeiro eu. É o significado completo de "ir para dentro de si mesmo".

Professores e guias
Se alguém tiver dificuldade de achar seu propósito na vida, uma outra pessoa (quem sabe um professor espiritual) pode fazer isso para ela?
– *Irene, 34 anos, Istambul*

Sua pergunta está na mente de toda pessoa que está em busca de algo, seja em busca espiritual seja em busca de outra coisa, como amor e sucesso. Para muitas pessoas, esse processo é facilitado pelo encontro com um mentor. Nunca escutei ninguém prevenir: "Cuidado. Não deixe que seu mentor o transforme num seguidor estúpido" no caso da busca por sucesso, por exemplo. No entanto, escutamos isso com muita frequência quando se trata da busca espiritual.

Menciono isso porque não sei se você quer muito um professor espiritual ou, no outro extremo, receia ser muito influenciada por um conselheiro ou guia. Digo-lhe que ninguém é capaz de tirar de você aquilo que você não está disposta a dar. Há inúmeros supostos professores que querem poder e controle (não só espiritualmente, mas em todas as áreas e modos de vida). Você deve ter cuidado e não permitir isso. A melhor salvaguarda é a vigilância. Tenha consciência de quem você é e do que você procura. Você não está aqui para satisfazer um professor, um mentor ou um guia. Você está aqui para satisfazer seus objetivos pessoais mais profundos.

Você pode notar por que sua pergunta não leva a uma resposta simples. Sim, um guia pode ajudar a indicar o caminho para seu sentido do eu e para seu propósito de vida. Não, um guia não é capaz de substituir sua busca. Quando você está no seu carro dirigindo pela cidade, a sinalização pode lhe indicar a direção de cada rua, mas só você pode virar o volante.

De onde viemos?

Estou confusa. Se todos nós temos a mesma origem, então onde a individualidade entra em jogo? Acredito que todos nós viemos de Deus. Somos Deus vivendo uma vida humana. No entanto, ainda não sei como minha vida individual pode significar alguma coisa se todos nós somos o mesmo espírito.

– *Helen, 31 anos, Terra Haute, Indiana*

Dizendo isso, você se agarra a um dilema muito abstrato, e, agora, isso serve para fazer você se sentir insegura. Suponho que seu motivo não seja achar uma resposta final, absoluta. Se você recebesse uma mensagem de texto de Deus dizendo "Eu contenho todas as coisas. A totalidade da criação se expressa por meio da individualidade, da mesma forma que a individualidade contém e expressa a infinita inteligência", você se sentiria segura? Receio que não.

O problema aqui não é onde as pessoas obtêm sua individualidade, mas sim como você se sente a respeito de si. Algo acerca de quem você é a está incomodando muito. Como sua carta não dá pistas da origem de sua insegurança, ela pode estar se ocultando em qualquer lugar. A maioria das pessoas se olha no espelho, e percebe aquilo de que não gosta em si mesma (não quero dizer apenas fisicamente). Na sua idade, 31 anos, a lista de defeitos é geralmente longa (é um idade em que as pessoas se impõem grandes demandas, e grandes demandas levam a decepções).

Esse tipo de autoconsciência não significa que você é inferior. Significa que você está amadurecendo e se vendo em termos realistas. Ao perceber que você não é perfeita, pode deixar a adolescência para trás e aceitar a realidade. Não é uma maldição ou um fardo. Não é algo para se evitar. De fato, encarar a realidade é a grande aventura da vida. Além da maturidade, há horizontes e caminhos que levam ao cerne de diversos mistérios. Eu a incentivo a investigá-los. Talvez, como você diz, Deus fez todos nós, mas Ele (ou Ela) não teve de usar um cortador de biscoito, teve?

Aprendendo a mudar

Como você muda? Aos 59 anos, como você aprende a pensar de uma nova maneira, ver com novos olhos, continuar crescendo com a fluidez da juventude? Como mantenho a curiosidade e o assombro de todos os dias com a vida? Talvez eu tenha simplesmente perdido o toque em algum lugar ao longo do caminho.

– *Barbar, 59 anos, Eugene, Oregon*

Receio que seu principal obstáculo seja seu sistema de crenças, que você absorveu de outras pessoas ao seu redor. Nesse sistema de crenças, a juventude é um tempo de mudança e flexibilidade. É? Na realidade, os jovens são os mais inseguros entre nós, e os menos capazes de fazer mudanças de vida maduras. Eles tropeçam e experimentam. Preocupam-se a respeito de achar um eu.

Em outra parte do mesmo sistema de crenças, estar na meia-idade significa estar derrotado. Você acha que o melhor da vida já passou. Em vez da renovação e do frescor, há a luta diária para não cair no tédio e na falta de entusiasmo. Na realidade, na meia-idade, você sabe quem você é. Você tem um eu. Você chegou.

Assim, a resposta para seu dilema é que você deve analisar suas crenças arraigadas e seus condicionamentos antigos. Converse com aqueles que não estão oprimidos por tais crenças limitantes. Isso exigirá um pouco de coragem. Você se sente segura na sua concha melancólica. No entanto, se você olhar em volta, verá pessoas de meia-idade que são empolgadas, consumadas, dispostas a qualquer desafio e ávidas pelo amanhã. Fique com elas. Fique aberta àquilo que elas acreditam em relação à vida. A mudança virá.

Crenças diferentes

Em 1993, converti-me ao budismo, mas meus familiares são cristãos, e sempre me lembram que não estarei com eles no céu quando morrer. Em geral, apenas sorrio e concordo com um gesto de cabeça,

pois não sei como responder. Eles estão sempre rezando por mim. O que posso fazer a respeito desse sentimento de culpa constante?
– *Mira, 57 anos, Albany, Nova York*

A partir do que você revelou, sua família é muito tradicional e intimamente ligada. Sinta-se feliz por esse fato, se conseguir. Tentar alcançar uma ligação íntima é uma dificuldade imensa na vida de milhões de pessoas. Mas cada coisa boa está entrelaçada com outras coisas que não são tão boas. Nas sociedades tradicionais, a religião é o que torna a pessoa quem ela é: membro da família, da tribo, do grupo étnico, da raça e da cultura.

Talvez, apenas algumas dessas etiquetas de identidade se apliquem à sua situação, mas sua carta poderia da mesma forma vir de uma mulher cuja família se sentisse horrorizada se ela estivesse se casando com um homem de outra cor ou de outro grupo étnico. A tradição faz as pessoas quererem se apegar à sua identidade. A mudança é o inimigo.

Aos 57 anos, você precisa aceitar a perspectiva da sua família e seguir adiante. Você está muito velha para ficar apaziguando-a. Poder-se-ia esperar tais preocupações de uma pessoa com a metade da sua idade. Suspeito que você esteja emitindo sinais confusos para seus familiares. Você faz o máximo para conseguir que eles acreditem que você ainda é a mesma de outrora, a mesma que eles aceitam completamente. No entanto, uma diferença peculiar, o budismo, se destaca.

Você não pode mudar a resistência deles, mas você pode parar de jogar nos dois lados. Mostre-lhes que você está feliz e se sente segura sendo budista. Deixe claro que a crítica não é justa nem bem-vinda. Na próxima vez que isso acontecer, deixe a sala ou a casa. Continue fazendo isso até eles captarem a mensagem de que suas crenças mais profundas estão fora de discussão. O restante de você é alguém que eles são capazes de aceitar.

O homem do andar superior

Por algum tempo, lutei contra o fato de Deus sempre ser referido como "Ele". Você pode sugerir como posso ser mais tolerante

em relação a esse sexismo? Ou me apresentar uma abordagem de Deus mais neutra, sem nenhum gênero?
— *Doria, 36 anos, Filadélfia*

Na tradição judaico-cristã, o conceito de Deus como homem ficou arraigado. Leva milhões de pessoas a imaginar um patriarca com uma longa barba branca sentado sobre um trono acima da nuvens. Não sei se essa imagem a irrita, a ameaça, suscita uma sensação de falsidade, ou simplesmente a impressiona como muito limitada para uma divindade universal que é superabrangente.

No Oriente, os crentes tendem a ver isso de dois modos: pessoal e universal. As divindades pessoais são cultuadas, inclusive com imagens e santuários; há a convicção de que ter um objeto humanizado para ver e venerar é uma necessidade humana. Ao mesmo tempo, porém, entende-se que a verdadeira natureza da divindade é infinita, além dos limites e ilimitada. Duas versões compatíveis de Deus coexistem. Isso funciona para você?

Em caso negativo, meu melhor conselho é utilizar esse dilema como parte do desenvolvimento pessoal. Vá ao fundo do que realmente a incomoda. Investigue a questão com outras pessoas. Leia e cresça. Preveniria contra uma coisa: não deixe que essa questão única – ou qualquer outra – torne-se uma pedra no sapato. Há muito mais em relação ao caminho espiritual do que saber se uma carta endereçada a Deus deve ser destinada ao senhor ou à senhora.

Uma pessoa que procura sozinha
Procuro Deus há muitos anos. Tomo antidepressivos há mais tempo ainda. Senti a presença de Deus antes, e a sensação foi impressionante, mas efêmera. Trabalho como enfermeira num asilo, e consigo perceber o conceito de Deus de outras pessoas e confortá-las, mas não sou mais capaz de me conectar com uma consciência maior ou com o Deus tradicional. Acredito muito mais na ciência e na probabilidade de que não há vida após a morte. É um sentimento muito solitário, mas por que rezar? Quando eu rezo, sinto como se estivesse falando para mim.

Quero achar outro conceito de Deus para ter algo a esperar. Os ateus não têm nada a esperar. Sei que não há respostas certas ou erradas, mas talvez haja outra maneira de enxergar o sentido da vida sem um "Deus todo poderoso".

– *Cora, 52 anos, Taos, Novo México*

Citei sua carta detalhadamente pois muitos leitores se identificarão com você, e colocariam a situação deles nos mesmos termos. É mais fácil sair de uma igreja ou templo do que achar um novo para entrar. No entanto, na realidade, não há uma nova porta. Há somente uma jornada. A religião tradicional possui a vantagem de já estar pronta. Se você rezar, seguir os mandamentos, acreditar na teologia e não se desgarrar, não terá necessidade de forjar seu próprio caminho.

Você está além dos caminhos já prontos e, apesar de sua solidão, deve se respeitar por ter chegado até aí. Você não está no fim do caminho, nem está no fim da crença. É uma estação intermediária. Há muitos passos a frente antes de você descobrir como trilhá-los. Como você trabalha com doentes terminais, não se pode dar ao luxo de evitar as grandes perguntas a respeito de vida e morte que a maioria de nós protela até uma crise nos sacudir para fora de nossa inércia. Para você, a morte não é um tópico ocioso. Muito em sua vida depende de classificar a relação entre vida e morte. Em vez de transformar isso num fardo, você poderia escolher tirar proveito disso. Valorize o fato de que você se sente motivada a descobrir quem Deus realmente é.

No entanto, acho que para você a melhor coisa seria solucionar primeiro seu sentimento de solidão. Ainda que você não viva numa cidade grande, tenho certeza de que existem grupos espirituais próximos, onde as pessoas a acolheriam nos seus termos: você é uma pessoa perturbada, que busca e quer novas respostas. Elas também. Ache as pessoas com ideias afins, e vivencie o companheirismo e o apoio delas. Você é uma ajudante inata. É hora de você se ajudar, acalentando a sua parte que quer pertencer e ser confortada. A parte de Deus virá no devido tempo.

Será que eu mesma provoquei minha doença?

Recebi o diagnóstico de câncer de mama em fevereiro passado, aos 38 anos. Desde então, li muito a respeito da ligação entre mente e corpo. Agora que meus tratamentos acabaram, não consigo fugir de uma dúvida torturante: será que eu mesma provoquei meu câncer por meio dos meus padrões de pensamento negativo? Li uma explicação que afirma que o câncer de mama surge como resultado de cuidar dos outros ignorando as próprias necessidades. Isso é verdade? Sinto-me muito culpada pensando dessa maneira.

– *Yasmin, 39 anos, Santa Monica, Califórnia*

Uma das coisas frustrantes a respeito da medicina psicossomática é que muitos pacientes, talvez a maioria deles, formula a seguinte pergunta: "Como eu fiz isso para mim mesmo?" A culpa substitui a cura. As dúvidas torturantes bloqueiam a intenção de cura. Quando essa preocupação se transforma numa obsessão, enreda-se com diversas outras ansiedades, sendo a principal, dentre elas, o medo da reincidência. Portanto, o que começou como ajuda, numa tentativa de a mente socorrer o corpo, sofre uma reviravolta, e a mente torna-se um lugar de apreensão, preocupação e medo.

Como você sai desse círculo vicioso? O que pode liberar a ajuda da mente sem incorrer em dor? Primeiro, perceba que você entrou num beco sem saída ao culpar a mente. Imagine sua mente como seu pai ou mãe. Funcionaria dizer: "Preciso do seu amor porque você é a pessoa que me magoou?" Não, pois sempre que você mistura amor e mágoa, culpa e cura, os dois polos lutam um contra o outro. O que você está sentindo e descrevendo é um conflito interior.

Segundo, enfrente o conflito. O problema não é "Eu fiz isso para mim mesma?" O problema é "O que eu posso fazer a respeito da guerra dentro de mim mesma?" Pode estar certa de que nenhum estudo indica que existem "personalidades associadas ao câncer". Apesar do vínculo hipotético entre o estilo emocional da pessoa e a possibilidade de pertencer a um grupo de alto risco em relação à doença, esses vínculos estão muito longe de condenar alguém ao câncer. Os vínculos genéticos também estão muito longe disso. Na realidade, nenhuma correlação individualizada foi estabelecida entre alguma coisa e o câncer de mama.

Terceiro, tendo enfrentado o problema real, considere o lado positivo da medicina psicossomática. É um campo vasto, e que oferece um caminho para o bem-estar geral. É uma grande coisa, e todos nós devemos trazê-la para nossas vidas. Considere sua situação e decida, do modo mais realista possível, quais são as duas coisas, entre os itens da lista a seguir, que conduzem ao bem-estar:

- Menos estresse externo.
- Um grupo de apoio de sobreviventes.
- Tratamento contra ansiedade e depressão.
- Entendimento mais profundo da última pesquisa psicossomática.
- Investigação e desenvolvimento espiritual.
- Apoio médico.
- Um ajudante para lidar com as demandas cotidianas.
- Melhores condições de trabalho.
- Meditação para acalmar sua mente.
- Ser tocada e aliviada fisicamente (massagem, exercício corporal etc.).
- Intimidade emocional de um parceiro.
- Prevenção e mudanças do estilo de vida.

O seu inimigo é o isolamento e os sentimentos de solidão e impotência que ele traz. Na lista de sugestões, cada item ajuda a combater o isolamento e o desamparo. Depende de você a análise do seu interior a fim de avaliar suas necessidades imediatas. A medicina moderna é impessoal, lamento dizer. O apoio da sociedade tradicional está há muito tempo no passado para a maioria de nós. Assim, cabe a cada paciente estruturar seu bem-estar. Estimulo-a a começar essa jornada. O tempo sombrio que você está vivenciando agora pode ser curado.

Em paz, mas não feliz

A paz interior é o mesmo que a felicidade? Não sou capaz de dizer que estou feliz, mas não tenho mais certeza de que essa seja a pergunta apropriada. Sinto a paz interior que parece ser persistente. Essa paz desapareceria se eu me tornasse um sem-teto ou estivesse congelando de frio? Desapareceria se eu ganhasse na loteria? Talvez eu precise achar maneiras de ficar conectado com essa paz em circunstâncias extremas.
— *James, 48 anos, Cork, Irlanda*

Você não está vivenciando a paz. Está, sim, preso ao imobilismo, e aquilo que a maioria das pessoas designaria como letargia, você chama de paz. É triste dizer, mas milhões de nós estão gratos por estar em estado letárgico, pois é muito melhor do que ser sem-teto ou estar doente. No entanto, ainda que se esconder num buraco seja certamente seguro, não é a ideia de ninguém a respeito de felicidade absoluta.

A felicidade se tornou um tópico quente de pesquisa na psicologia, e suspeito que você achou algo dela. Um ramo da assim chamada "psicologia positiva" ecoa sua crença de que a felicidade é temporária e efêmera. As condições externas contribuem para a possibilidade de nos sentirmos felizes ou tristes. O mesmo acontece em relação ao "ponto de ajuste emocional", que para algumas pessoas é predefinido no lado radiante e para outras, no lado sombrio. No entanto, independentemente do que deixa uma pessoa feliz ou triste, a pesquisa sugere que a escolha pessoal é o fator mais importante. O que significa que sua paz é o resultado de escolhas do passado. Todos nós fomos condicionados a confundir crenças arraigadas referentes à realidade e a hábitos persistentes referentes ao inevitável.

Há outros tipos de escolhas que trazem um novo nível de felicidade, conhecido como bem-aventurança ou êxtase. Esse tipo de felicidade é permanente, profundo e parte do verdadeiro eu. É o único tipo de felicidade que ninguém pode tirar de você. Depois de você investigar as escolhas disponíveis para você, pode decidir se quer se conformar com seu estado de paz corrente. Se você decidir avançar, o caminho será o da consciência expandida, que é o segredo para vivenciar a felicidade e a paz ao mesmo tempo.

Descobrindo o perdão

Como posso ter certeza de ter perdoado completamente meu ex-marido por seu abuso, abandono e alcoolismo? Isso pode realmente ser alcançado de modo correto sem entrar em contato com ele? Permanecemos juntos durante vinte anos, e nunca mais falei com ele desde nosso complicado divórcio há quinze anos. Por meio de muito trabalho, aprendi espiritualmente a admitir todas as boas coisas que tivemos juntos. Sinto compaixão por ele e pela infância sofrida dele. Isso é suficiente? Estou mais contente e confiante do que nunca, mas devo ter mais trabalho a fazer em relação a isso.
– *Ellen, 53 anos, Virginia Beach, Virgínia*

Você está fazendo uma pergunta cuja resposta talvez pareça evidente. E se você tivesse escrito: "Como posso saber se meu braço não vai mais doer?" Quando a dor desaparece, ela desaparece. No entanto, a mente não é assim tão simples, por dois motivos, e ambos se aplicam nesse caso.

Primeiro, há mais do que uma camada de dor na mente. Você está vivenciando a dor residual que está mais funda do que você já alcançou alguma vez. Está alojada em um lugar onde está sua identidade. Nesse lugar, você pode não querer se lembrar do passado ou não se agarrar a ele. No entanto, de alguma forma, outro aspecto de si mesma afirma: "Tenho de me agarrar".

É complicado ter tais sentimentos, pois, em certo sentido, você deve desemaranhar um novelo, puxando alguns fios e deixando outros. O exame de consciência intensivo e uma terapia psicológica frequentemente a longo prazo são requeridos, sem garantia de sucesso. Na minha experiência, o trauma mais profundo se transforma na cruz a carregar. Desculpe-me por usar essa frase, mas saiba que os fardos antigos podem ser tornados mais leves. Você tornou mais leves os seus durante quinze anos, e o processo de cura continuará, graças ao seu grau de autoconsciência.

Segundo, a mente continua trabalhando e achando falhas. É um jogo familiar e você não pode ganhar. Sua carta manifesta mais insegurança do que ódio residual contra seu ex-marido. Portanto, ao escrever para ele, você espera – na fantasia – obter apoio ou um pedido de desculpas dele. Tire isso da sua mente; isso nunca acontecerá. A insegurança também se manifesta em seu comentário de que não encontrar um novo relacionamento reflete algo que você deixou sem fazer. Nesse caso, o que você deixou de fazer foi encontrar seu caminho e assumir sua própria pessoa sem um homem. Um motivo importante pelo qual você ficou casada com um marido alcoólatra, que a maltratava, foi que você, desesperadamente, acreditava que precisava dele. Essa necessidade continua a subsistir no fundo da sua mente, e você espera que seja capaz de transferir isso para um novo homem na sua vida. Meu melhor conselho é: trabalhe mais na busca do verdadeiro eu e menos no perdão. O perdão virá quando ser você mesma for suficiente para se preencher.

Uma alma abençoada ou Peter Pan?

Aproveitei a vida, e, desde os meus 22 anos, sempre me senti abençoado com uma conexão mais profunda com Deus. Passei a perceber que sou um ser espiritual vivendo uma experiência humana. No entanto, minha carreira foi muito irregular. Sempre pedia as contas quando um emprego não era gratificante ou outra oportunidade se apresentava. Atualmente, estou desempregado e à beira da falência. No entanto, bem no fundo, sei que tudo está se desenvolvendo perfeitamente, e que meus filhos e eu vamos acabar bem (estou divorciado há quinze anos).

Minha pergunta é essa: por que continuamente atraio escassez na minha vida quando estou tentando atrair abundância?

– *Teddy, 53 anos, Toledo, Ohio*

Diversos aspectos da sua história não fecham. Uma conexão

com Deus implica autoconhecimento, mas você parece perplexo a respeito da maneira pela qual chegou onde está hoje. Você se diz abençoado, mas, na verdade, parece indiferente a respeito do fato de levar uma vida que, provavelmente, causou bastante estresse na sua família. Minha intuição me diz que sua história não é uma questão de atrair carência ou abundância. Na minha experiência, dois tipos de homens pulam agitadamente de emprego em emprego. O primeiro tipo envolve pessoas criativas, curiosas, dinâmicas, que adoram novos desafios, não gostam de rotinas, e mantêm os olhos fixos no próximo horizonte. O segundo tipo envolve pessoas irresponsáveis, inquietas e incapazes de crescer. São os Peter Pans desse mundo; um traço de personalidade encantador quando você é um garoto, mas não tão bom quando você deve ser um adulto.

Você se enquadra em que tipo?

Depois que você se analisar com seriedade e descobrir a resposta, sua situação atual ficará mais clara. Se você for criativo e curioso, então, você, provavelmente, precisará começar o próprio negócio e achar uma saída que não se transforme em uma chatice em seis meses ou um ano. No entanto, se você for um homem do segundo tipo, as coisas continuarão a ser difíceis. Provavelmente, o melhor que você pode fazer é achar outro emprego do qual também acabará saindo. O triste é que, aos 53 anos, seu tempo está acabando, assim como sua estratégia para não se transformar em uma pessoa madura.

PARTE IV

Criando as próprias soluções

A consciência conduz a soluções pela própria natureza. Quando você sabe disso, sua vida exige muito menos luta. Em cada situação, se você permitir que sua consciência faça o que naturalmente quer fazer, o modo mais rápido e mais criativo de cumprir qualquer desafio se desdobrará por si mesmo. Essa é uma resposta muito genérica, é como dizer que uma muda quer entrar em contato com o sol ou que uma criança quer crescer. Nas coisas vivas, a autoexpressão está sempre presente, mas para ver o que está realmente acontecendo, precisamos analisar os pormenores. Em determinado momento, uma muda está desempenhando diversos processos em nível celular, e, no cérebro de uma criança pequena, milhões de vias neurais estão amadurecendo.

O que são os pormenores quando se trata da consciência? A resposta pode ser decomposta nas qualidades da consciência. Você já leu acerca das reviravoltas dos problemas para os quais as pessoas querem respostas pessoais. Por trás dessas dificuldades pessoais, residem aspectos mais amplos de como a vida funciona, e, como a vida é consciência em ação, nada é mais útil do que examinar as qualidades essenciais da própria consciência. Nosso exame será um pouco abstrato inicialmente; depois, consideraremos como aplicar essas qualidades em nossa situação aqui e agora.

Assim que você perceber que a consciência está tentando se expressar, deixar que isso aconteça é suficiente. Você não tem de interferir, planejar, calcular ou manipular a consciência. De fato, essa é a primeira qualidade da consciência.

Qualidade número 1: a consciência funciona dentro de si mesma.

Lembro-me de um professor de espiritualidade que foi alvo da seguinte pergunta: "O desenvolvimento da consciência é algo que fazemos ou é algo que acontece para nós?" Sem hesitar, ele respondeu: "Parece algo que você está fazendo, mas, na realidade, é algo que está acontecendo para você. A consciência está se desenvolvendo dentro de si. Você não a impulsiona. Ela se impulsiona". Para observar a importância dessa questão, pense a respeito da consciência como sendo o oceano. Os oceanos são imensos ecossistemas que dão suporte à vida; contêm tudo que é necessário dentro de si mesmos: água, substâncias químicas, alimentos, oxigênio e inúmeros seres vivos. Cada ser vivo leva uma existência própria. Os corais não pensam a respeito dos peixes, e vice-versa. O equilíbrio da natureza é tal que, simplesmente sendo em si mesma, preenchendo as próprias necessidades, cada forma de vida dá suporte a todas as outras formas. O oceano é autossuficiente. Da mesma forma, a consciência contém tudo que precisa para regular sua vida, não deixando nada fora. As células estão ao seu alcance, assim como os pensamentos. Os sentimentos são supervisionados pela consciência, assim como as reações musculares.

Nessa primeira qualidade, muitas coisas estão implícitas. Primeiro, não há nenhum outro lugar que você precise ir para achar uma solução. Como é superabrangente, a consciência contém todas as possibilidades, o que significa que a solução que você está buscando já existe em potencial. Você pode confiar na própria consciência, mas a confiança não deve levar ao egotismo ou ao isolamento. As respostas que vêm de outras pessoas, mesmo de fontes totalmente inesperadas, estão disponíveis da mesma forma. Trabalhando dentro de si, a consciência quer achar a resposta ao mesmo tempo que você. Você está conectado à totalidade.

Qualidade número 2: a consciência utiliza ciclos de feedback *inteligente.*

Com facilidade, pode-se ver que a consciência está sempre em movimento, pois nossas mentes são um fluxo constante de pensamentos e sensações. Estar vivo é ser dinâmico. Esse dinamismo não é aleatório. Para sustentar a vida, deve haver um propósito. Um guepardo perseguindo uma gazela não é diferente de uma ameba passando por uma divisão celular ou de uma criança aprendendo as primeiras letras do alfabeto. A consciência está buscando um objetivo. No entanto, os objetivos mudam e, muitas vezes, colidem. Um guepardo também precisa dormir; uma ameba precisa buscar luz; uma criança precisa brincar. A fim de equilibrar a variedade de funções que mantêm você vivo, a consciência fala para si mesma, vê o que está fazendo, e muda de rumo se necessário. O termo técnico para esse tipo de automonitoramento é ciclo de *feedback*. O exemplo clássico de um ciclo de *feedback* é um termostato, que percebe quando a temperatura está muito quente ou muita fria, e ajusta o calor de forma apropriada. No entanto, o exemplo não é bom o suficiente para descrever um ciclo de *feedback* vivo. Os ciclos de *feedback* que administram o corpo coordenam centenas de funções; reagem a mudanças de "dentro" e de "fora"; administram automaticamente, mas também prestam atenção aos desejos e intenções; finalmente, são inteligentes. A capacidade da consciência de monitorar com inteligência o cérebro, o corpo, a ação, a reação, os pensamentos, os sentimentos e as intenções é um milagre tão vasto que ninguém nunca irá compreendê-lo completamente. No entanto, tudo o que você faz depende disso. As melhores soluções tiram proveito o máximo possível do *feedback* inteligente.

Qualidade número 3: a consciência procura o equilíbrio.
Mesmo se nunca desvendarmos o mistério pleno da consciência, precisamos entender seus fundamentos, e um deles é o equilíbrio. Conforme monitora a si própria, a consciência está se certificando de que nenhum processo escape para extremos sem retroceder. No corpo, isso é conhecido como homeostase, um tipo peculiar de equilíbrio. Diferente da balança mecânica, com dois pratos que vão para cima e para baixo dependendo do lado mais pesado, o corpo mantém um equilíbrio dinâmico, significando que mesmo quando tudo está em movimento, a homeostase não é afetada.

Imagine uma jovem corredora que treina para uma corrida não sabendo que acabou de engravidar. Conforme corre, os pulmões, o batimento cardíaco e a pressão arterial mantêm o equilíbrio correto de nutrientes e oxigênio; um equilíbrio muito distinto do que o corpo precisa em repouso. Ao mesmo tempo, as mudanças hormonais associadas à gravidez entram automaticamente em operação. O cérebro está controlando tanto o lado voluntário (participar de uma corrida) como o lado involuntário (gestar um bebê). Em certo momento, a mulher registrará que não se sente como sempre. Os sinais físicos da gravidez chegarão à sua consciência e, então, ela tomará novas decisões que levarão a um novo tipo de equilíbrio.

A vida é muito mais dinâmica do que participar de uma corrida e gestar um bebê. A homeostase regula centenas de funções em cada momento. No entanto, nesse exemplo, observamos os três domínios da consciência: voluntário, involuntário e autoconsciente. Em outras palavras, para estar em equilíbrio, você faz o que quer fazer, permite o funcionamento do processo automático conforme a necessidade, e mantém a vigilância sobre as duas coisas. Uma solução verdadeiramente eficaz abrange os três domínios e os mantêm em equilíbrio.

Qualidade número 4: a consciência é infinitamente criativa.
Mesmo quando compreendemos que a vida funciona através de ciclos de *feedback* inteligente, ainda não alcançamos o segredo real

Os ciclos de *feedback* não precisam evoluir. As formas primitivas de vida, como algas azuis ou amebas unicelulares, foram sucessos enormes. Puderam sobreviver sem evoluir, como observamos pelo fato de que já vicejam inalteradas por dois bilhões de anos. Nada visível numa célula dá o mais leve indício de que novas formas de vida vão emergir. De fato, nada no instante do *big bang* indicou que as estrelas e as galáxias apareceriam. O primeiro instante foi um turbilhão de matéria superaquecida no estado mais primitivo, contendo partículas subatômicas embrionárias. Com a colisão da matéria e da antimatéria, o resultado foi a aniquilação de ambas. O universo poderia ter – de fato, deveria – se desintegrado no vazio em que nasceu. Mas não se desintegrou.

A matéria superou a antimatéria em cerca de uma parte em um bilhão, e esse minúsculo desequilíbrio levou ao universo visível, despertando o DNA no planeta Terra onze bilhões de anos depois. Em nível da consciência, um desejo infinito por criatividade parece ter estado em ação. Não precisamos especular se o cosmos está vivo e se sempre esteve. Reduzida à experiência pessoal, a força motora da criatividade é evidente em todo lugar da sua vida. Desde o nascimento, seu corpo cresceu e se desenvolveu; utilizando seu potencial bruto, você dominou um conjunto de habilidades, tais como ler e escrever, mas também algumas que satisfazem os desejos próprios (velejar, caminhar em uma corda de acrobata, tocar violino); seu cérebro confrontou um fluxo único de dados do mundo exterior, equivalente a bilhões de bits por hora, que se espalhou através dos cinco sentidos, e cada minuto é único, nunca duplicando exatamente aquele fluxo do momento anterior.

No meio desse dilúvio de novas experiências, você não tem outra escolha a não ser ser criativo. As células não armazenam vida. Estima-se que as células só retêm um patrimônio de alguns segundos ou minutos de alimentos e oxigênio, que é o motivo pelo qual o cérebro pode sofrer danos permanentes com apenas sete a dez minutos de falta de oxigênio. Adaptar-se a todos os tipos de climas, dietas, altitudes, umidades e outras variáveis do ambiente requer muita criatividade, e nem mesmo chegamos ao que realmente consideramos criativo: o trabalho que fazemos, as artes e os ofícios que perseguimos, as respostas que damos aos nossos pensamentos, sentimentos e desejos. No entanto, a partir dessa complexidade espantosa, um fio permeia tudo: a consciência busca ser tão criativa quanto possível. As melhores soluções permitem que essa fome interior seja satisfeita sem restrições.

Qualidade número 5: a consciência absorve cada parte do todo.
Se você olhar em volta, perceberá a variedade infinita da natureza. Uma colher de chá de terra do seu jardim pode ocupar a vida inteira de estudo de um biólogo, e ele teria de depender de especialistas em insetos, microrganismos e química. Se algo contém partes infinitas, como será o todo? Não pode ser mais do que a soma das partes, pois nada é maior do que o infinito. O universo não é mais do que a soma dos átomos, das moléculas, das estrelas e das galáxias. O corpo não é mais do que suas cinco trilhões de células. No entanto, de alguma forma, a consciência desafia essa lógica.

O infinito da consciência é maior do que o infinito das suas partes. Deixei esse conceito por último, pois é o mais abstrato. Ao mesmo tempo, também é o mais crucial. Considere os pensamentos em sua mente. Uma máquina poderia ser inventada para registrar cada pensamento, como uma catraca que registra os clientes que entram numa loja. Entre o berço e o túmulo, você registrará uma certa quantidade de pensamentos; por exemplo, 10 milhões. No entanto, quantos pensamentos são possíveis numa existência? O número é muito maior do que 10 milhões. Em vez de pensar na cor azul, você pode pensar em qualquer cor. Em vez de comprar uma maçã Fuji no mercado de manhã, você pode comprar qualquer fruta, ou nenhuma. Em outras palavras, o potencial para pensar é infinito, ainda que os pensamentos reais que chegam à sua cabeça sejam finitos.

O potencial infinito da consciência constitui sua realidade verdadeira. O que vivenciamos não é nem mesmo a ponta do *iceberg*, pois os *icebergs* são objetos sólidos. A consciência contém todo possível impulso da mente, toda possível configuração de eventos e todo possível resultado ao qual esses eventos podem levar. Em comparação, os cosmologistas que teorizam a possível existência de trilhões de outros universos em dimensões que não podemos ver ou entrar em contato – a assim chamada teoria do multiverso – mal consideraram o escopo da realidade. Há mais do que um tamanho de infinito, e a consciência abarca todos.

Recuemos dessa visão de tirar o fôlego. Como indivíduo, você se consola com o fato de *não* encarar o infinito. Você não quer as inúmeras variedades de maçãs disponíveis nos infinitos supermercados. (O grande segredo de marketing do McDonald's é que a rede basicamente vende apenas uma coisa – um hambúrguer – ao qual um pequeno número de supérfluos pode ser adicionado, dando a ilusão de escolha. Esse segredo foi poderoso o suficiente para criar a rede de restaurantes *fast-food* mais bem-sucedida do mundo.) Para permanecer à vontade, nós nos escondemos do infinito, mas, dessa maneira, estamos nos escondendo da realidade. Há uma "ilusão de realidade" que nega a natureza infinita da consciência. Todos nós vivemos na nossa própria bolha, guiando-nos para ser o centro do mundo, onde a ilusão de realidade é fabricada e sustentada, momento a momento.

Num restaurante, se você olhar ao redor, não será difícil perceber que cada pessoa constrói a própria ilusão de realidade. Uma pessoa está retraída, outra, expansiva. Uma se sente como vítima e está na defensiva, outra se sente no controle e está expansiva. Cada pessoa cria limites a partir de materiais básicos, tais como ter sucesso e fracasso, ser *insider* ou *outsider*, desempenhar o papel de vítima ou mártir, de chefe ou subordinado, de líder ou liderado. Para achar uma solução viável, você deve desmantelar a própria ilusão de realidade para chegar à realidade *real*, que é a consciência. As cinco qualidades que acabamos de abordar oferecem uma abertura para você se tornar real, e isso é suficiente para solucionar qualquer problema. A soluções estão sempre disponíveis no nível da realidade; os problemas aparecem no nível da ilusão de realidade.

Quebrando a ilusão

Agora temos a mecânica de qualquer solução espiritual: deixe sua consciência interior se expressar. A técnica não pode ser mais simples. Você para de interferir naquilo que a consciência superior quer fazer. É necessária uma mudança de perspectiva para começar a implementar essa estratégia, pois todos estão acostumados a entrar nas situações com respostas pré-fabricadas. Aqueles que recorrem ao controle tentam controlar a situação. Aqueles que competem tentam ganhar e chegar em primeiro lugar. Aqueles que não conseguem suportar o confronto se afastam e esperam que "as coisas se resolvam". À primeira vista, pode parecer que essa última opção é aquela que estou defendendo. Você deve se afastar e esperar que a consciência faça o que quiser, como observar uma semente germinar após ter sido regada?

De certa forma, sim. Mas há uma grande diferença. Você não consegue se afastar da consciência. Você precisa deixá-la se expandir sem resistir, mas, ao mesmo tempo, você investe em sua plena participação. Não há outra escolha, visto que mesmo a pessoa mais passiva, distante ou não envolvida fez uma escolha para ser dessa maneira; ela está participando do fazer nada. Não estou recomendando a passividade. Há muito o que fazer quando você quer uma solução que venha do nível mais profundo da consciência.

Como despertar a consciência profunda

- Considere suas suposições e crenças ocultas.
- Remova os obstáculos que você está levantando. Pare de resistir.
- Torne-se objetivo.
- Assuma a responsabilidade pelos próprios sentimentos. Não culpe nem projete.

- Peça respostas que venham de todas as direções.
- Confie que a solução está ali, esperando para ser descoberta.
- Torne-se parte da descoberta. Utilize a curiosidade. Siga o pressentimento e a intuição.
- Esteja disposto a mudar de uma hora para outra. As mudanças rápidas são parte do processo de descoberta.
- Aceite que todos vivem nas próprias bolhas de realidade. Fique a par da realidade da qual as outras pessoas estão vindo.
- Aborde cada dia como se fosse um novo mundo, porque é.

Até você seguir esses passos, a possibilidade de achar novas respostas será muito limitada, pois você estará reforçando a ilusão de realidade, quando o que é necessário é uma quebra. Manter uma ilusão consome energia; você precisa estar sempre alerta para defender suas fronteiras; você censura as mensagens que vêm da consciência das quais você não gosta, e favorece aquelas que se encaixam no seu conceito do que é aceitável. Em resumo, a ilusão de realidade é uma construção para criação de problemas. Não é uma construção para criação de soluções.

Se a lista de verificações parecer muito desencorajadora, compartilharei uma técnica simples que funciona para mim. Em qualquer situação, não atuo até examinar rapidamente as coisas inconscientes e arraigadas que meu primeiro impulso me diz para fazer. As escolhas não são muitas. Você pode escolher a partir de um menu pequeno de opções muito básicas.

Emocionalmente, reajo a situação negativas ficando
furioso.
ansioso.

Quando a ação é exigida, em geral
lidero.
sou liderado.

Se alguém estiver fazendo algo de que não gosto, em geral,
confronto.
retrocedo.

Dado um desafio importante, prefiro
fazer parte de um grupo.
ser independente.

Se me vejo no todo, meu estilo é
dependente: deixo que os outros tomem grandes decisões. Gosto de ser gostado. Protelo decisões difíceis. Frequentemente, não digo o que sinto, ou faço o que realmente quero fazer.
controlador: sou detalhista. Tenho padrões e espero que os outros os ponham em prática. Fui chamado de perfeccionista. Acho fácil falar aos outros o que fazer. Acho desculpas para minhas más decisões, mas guardo rancores contra os outros.
competitivo: sempre tenho consciência de quem está ganhando e perdendo. Faço um esforço especial para estar no topo. Vejo-me como um líder e os outros como liderados. Gosto de executar e, frequentemente, sinto que tenho de executar. Acho fácil pisar sobre as outras pessoas, mas também anseio pela aprovação dos outros.

Em qualquer situação, lembro-me de como reagirei automaticamente, e me dou um tempo para parar de agir automaticamente. Ao retroceder, peço uma resposta diferente, mais flexível, quer dentro de mim quer no meu ambiente. Isso não é o mesmo que me entender mal. Em vez disso, permito que a consciência expandida tenha uma chance. A menos que seja dada uma chance, a única resposta disponível para mim será a mesma raiva ou ansiedade, liderança ou submissão, vitória ou derrota. A vida é sempre diferente. Não posso me satisfazer com respostas condicionadas. Se a vida tem de se renovar, você também deve renovar suas reações.

Sete níveis de ilusão

Ao quebrar a própria ilusão de realidade – a única que é específica a você –, você realiza duas coisas: primeiro, passa da consciência contraída para a consciência expandida; segundo, mescla-se com os ciclos de *feedback* inteligente que são responsáveis por todos os aspectos da vida. Evidentemente, o processo precisa ser mais específico. Assim, vou descrever os sete níveis de problemas que surgem da consciência contraída e as soluções que levam você um passo mais próximo da realidade.

Nível 1: problemas criados pelo medo, pela raiva e por outros impulsos negativos.

A resposta básica é defensiva. A raiva e o medo são primitivos, mas não foram desenvolvidos. Quase toda sua energia está direcionada para a sobrevivência. Nesse nível, você quer partir para o ataque e culpar os outros. Sente-se frustrado com a situação. Tudo parece estar fora de controle, e, à medida que os outros põem mais pressão sobre você – ou até o maltratam diretamente –, você se contrai com ansiedade e raiva.

Você está preso nesse nível se geralmente se sente indefeso, vitimizado, ansioso, paralisado, perdido ou com necessidade de orientação daqueles que são mais fortes que você. A fraqueza domina sua resposta.

A solução: sinta sua resposta negativa, mas não confie nela. Vá além do medo e da raiva. Peça orientação de pessoas que não estão reagindo nesse nível tão primitivo. Não tome decisões até se sentir equilibrado e bem-definido de novo. A pressa é sua inimiga. O controle do impulso é seu aliado.

Nível 2: problemas criados pelo ego

A resposta básica é egocêntrica. Os pensamentos surgem como "Isso não devia estar acontecendo comigo. Não mereço" ou "Ninguém está fazendo o que eu quero". Nesse nível, você não sente medo; você se sente bloqueado para obter o que você quer, em geral porque o ego de outra pessoa está se opondo ao seu. A mulher não concorda com seu jeito de fazer as coisas; o chefe tem ideias a respeito de como quer as coisas feitas que são diferentes das suas ideias; você vislumbra o objetivo, mas não consegue alcançá-lo, apesar da sua vontade de conquistar e realizar.

Você está preso nesse nível se geralmente se sente muito competitivo, contrariado, compelido, bloqueado por oponentes, malsucedido ou como um perdedor. "E eu?" domina seu pensamento.

A solução: comece a dividir e dar, especialmente de si mesmo. Deixe que os outros fiquem em evidência com você. Divulgue o crédito pelas realizações; assuma a responsabilidade pelos reveses. Pare de se concentrar nas recompensas externas, como dinheiro e *status*. Faça os outros se sentirem como você. Perceber cada situação como vitória ou derrota é seu inimigo. Achar a realização interior é seu aliado.

Nível 3: problemas criados pela conformidade

A resposta básica é continuar para avançar. Você quer se encaixar e não causar dificuldades, mas a pressão dos pares o está obrigando a fazer muitas concessões. Você sente que certos valores básicos, como amor-próprio e honestidade, ou mérito e independência, foram sacrificados. Pensamentos surgem como "Esse não sou eu" ou "Não concordo com aquilo que os outros estão falando". Você se envolve em situações que implica em fazer promessas que você não é capaz de manter, fingindo ser mais competente do que realmente é, ou até blefando a fim de se encaixar.

Você está preso nesse nível se geralmente se sente anônimo, desleal consigo mesmo, passivo, ameaçado, coagido, perdido na confusão ou vazio. A conformidade domina seu pensamento e, provavelmente também, o impulso, não tão secreto, de se rebelar.

Solução: recupere o poder que você entregou. Fale sua verdade quando isso valer a pena. Trace um limite quando seus valores básicos forem violados. Fique fora de facções e panelinhas. Afaste-se das fofocas. Aprenda a questionar o pensamento convencional e o pensamento do grupo. Dê maior prioridade ao amor-próprio. Entrar na linha é seu inimigo. Tornar-se um indivíduo é seu aliado.

Nível 4: problemas criados pelo fato de não ser entendido e apreciado
A resposta básica é se isolar. Como você acha que os outros não o entendem, você se retira, tornando-se solitário e sem o apoio das pessoas ao seu redor. Torna-se difícil amar ou ser amado. As conexões pessoais se desgastam; há pouca capacidade de se ligar. Você se pergunta se tem importância.

Você está preso nesse nível se geralmente se sente sozinho, abandonado, desprezado, não apreciado, excluído, bloqueado ou deslocado. "Ninguém está nem aí para mim" domina seu pensamento.

Solução: procure a companhia de pessoas maduras capazes de empatia. Examine como você se isola no silêncio, no afastamento e na passividade. Mostre que você valoriza seus sentimentos expressando-os de fato. Apresente a mesma compreensão que você quer receber. Vestir uma máscara é seu inimigo, mesmo que seja uma máscara agradável.

Nível 5: problemas criados por ser único
A resposta básica é autoexpressão sem limites. Você quer ser o máximo que consegue ser, e esse impulso o levou para a arte, descoberta, invenção e outras saídas para a criatividade. O que os outros denominam narcisismo, você denomina sua inspiração. Você se sente frustrado a não ser que a vida traga algo novo todos os dias; você almeja ser reconhecido. Essa atitude, que deveria ser emancipadora, gera problemas em atender às necessidades dos outros. A autoridade causa irritação, fazendo-o querer escapar. As regras rígidas foram criadas para os outros, não para você.

Você está preso nesse nível se geralmente se sente reprimido na criatividade, bloqueado pela estupidez ou conformidade dos outros, responsável somente em relação à própria musa ou no direito de ser você mesmo a qualquer preço. "Tenho de ser eu" domina seu pensamento, e você se sente justificado pela sua singularidade.

Solução: crie vínculos com outros tipos criativos. Deixe que os relacionamentos o ancorem, para que você fique mais em contato com a realidade. Aprecie a fantasia, mas não se perca nela. Divida seus talentos ensinando e doando seu tempo. Seja um mentor. Considere mentes maiores em busca de inspiração e também de humildade. A vaidade é seu inimigo. Renovar constantemente sua imaginação é seu aliado.

Nível 6: problemas criados por ser um visionário

A resposta básica é o idealismo. Você possui uma forte bússola moral. Ao pensar pouco em si, quer melhorar a condição humana. No entanto, sua visão sublime tanto inspira algumas pessoas, quanto provoca a resistência de outras. Elas acham que você as está fazendo se sentir erradas, ainda que essa não seja sua intenção nem de longe. Você quer uma existência melhor para todos, com a injustiça sendo banida e a igualdade espiritual sendo a norma. Você foi além das definições rígidas de certo e errado, e acabou descobrindo que inúmeras pessoas seguem essas definições e não estão dispostas a ser desafiadas.

Você está preso nesse nível (um muito elevado) se geralmente se sente oprimido pelas aflições da vida, decepcionado com a humanidade, subjugado pelos problemas que enxerga ao seu redor e confuso pela falta de visão que encontra todos os dias. "Estou aqui para trazer a luz" domina seu pensamento.

Solução: exercite a tolerância. Utilize os valores morais para elevar os outros, em vez de julgá-los. Não tente imitar modelos impossíveis, os grandes sábios e santos do passado. Dedique um tempo para divertimentos básicos, como rir e apreciar a beleza da natureza. Ser amado por sua perfeição é seu inimigo. Ser amado como uma pessoa, por mais que falível, é seu aliado.

Nível 7: o estado da falta de problemas

A resposta básica é a franqueza, a aceitação e a paz. Você não está mais perturbado por um eu dividido. Para você, a realidade não se apresenta como o bom *versus* o mau, a luz *versus* a escuridão, ou "eu" contra "o outro". Você expressa a totalidade da vida, que é como um rio que flui livre. Você permite que o rio se movimente, em vez de se agarrar às margens. A vida se desdobra conforme seu propósito, como se cada evento, independentemente de quão pequeno, tivesse seu lugar no plano divino. Você alcançou o estado de falta de problemas se quando se sentir espontaneamente criativo, completamente em casa no cosmos, eternamente em paz e unificado com tudo da criação. "Eu sou tudo" domina seu pensamento, embora não haja motivo para ter esses pensamentos, pois a unidade tornou-se seu modo natural de ser.

Achando seu verdadeiro eu

Qualquer bom psicólogo, mesmo um amador que estudou a natureza humana, concordaria com a lista recém-apresentada. Acho que ele também concordaria que a grande maioria dos problemas ocorre em níveis inferiores, onde os impulsos negativos e o ego são dominantes. A maior parte da humanidade luta para sobreviver, e quando a vida se torna mais fácil, a porta fica aberta para o pensamento "tudo se resume a mim" do ego. Isso torna difícil perceber como a espiritualidade pode progredir e ser a luz-guia da vida de uma pessoa. No entanto, a maneira pela qual a espiritualidade funciona não é de baixo para cima. Lutar para sobreviver trata de limitações, que é o estado onde o verdadeiro eu está mais mascarado e oculto da vista.

O mundo precisou de grandes mestres espirituais para guiar as pessoas para longe da superfície da vida. Precisamos ser ensinados a não acreditar na máscara vestida pela realidade. Como fato básico, todos acreditam na ilusão da realidade. Apesar desse fato, porém, a realidade *real* é intocada pela dor e pela luta. Quer saibamos disso ou não, todos nós estamos no mundo, mas não no da realidade real. Em termos práticos, a espiritualidade funciona de cima para baixo. O verdadeiro eu é a fonte. Você não pode ser separado dele e, portanto, tem uma chance. Você se move na direção do verdadeiro eu, ou seja, o nível da alma, ou você se afasta dele. Uma direção é evolucionária; a outra é estática na melhor das hipóteses, e, em geral, é destrutiva.

Para continuar evoluindo, é necessário conhecer os sinais da evolução. Eles indicam que você está chegando mais perto do verdadeiro eu. Evoluir é um processo. Tem altos e baixos. Há dias em que você perde de vista o evoluir, e outros em que para de acreditar que está evoluindo. Ninguém está imune às reviravoltas do caminho espiritual. No entanto, os grande mestres do mundo viram e viveram o verdadeiro eu. Deles recebemos um quadro do que é a consciência pura, a base do verdadeiro eu. Com isso em mente, é mais fácil medir a própria evolução. Aqui estão os ensinamentos mais importantes a respeito do verdadeiro eu, que serão descritos em detalhes. Todos possuem implicações práticas. Trabalhando de cima para baixo, o verdadeiro eu está procurando chegar mais perto todos os dias.

Quando você é seu verdadeiro eu
1. Sua vida possui um propósito único.
2. Esse propósito está se desdobrando continuamente, ficando mais rico e mais profundo.
3. Se você se alinhar com seu propósito, isso será suficiente.
4. À medida que sua vida se desdobra, a consciência se expande sem limites.
5. Com a consciência expandida, os desejos podem ser satisfeitos completamente.
6. Os desafios são solucionados quando você se eleva a um nível superior em relação ao desafio.
7. Sua vida é parte de um destino humano único: chegar à consciência da unidade.

Como você pode perceber, nada aqui é expresso em termos religiosos. Você pode reformular cada item usando palavras como *Deus*, *alma* ou *espírito*, mas isso não é preciso. Em vez de dizer, "Minha vida tem um propósito único", você pode dizer: "Deus ofereceu à minha vida um propósito único". A mesma realidade se mantém mesmo com a mudança de terminologia. Ampliemos cada aspecto do verdadeiro eu, com o objetivo de personalizá-los para sua vida, aqui e agora.

1. Sua vida possui um propósito único.
Todos perseguem um propósito na vida. A mente humana é orientada por objetivos, e cada dia traz novos desejos a satisfazer. Com uma família para criar, relacionamentos para cultivar, coisas para adquirir e uma carreira para se concentrar, o propósito a curto prazo é alimentado quase automaticamente (e quando uma pessoa perde seu senso de propósito, tememos que ela esteja muito deprimida). Não há necessidade de introduzir a espiritualidade até você mudar a pergunta de "Sua vida tem um propósito?" para "A vida tem um propósito?" A segunda pergunta é muito mais incerta. Abre uma lacuna que precisa ser fechada. Nas tradições consagradas do mundo, a vida sempre foi percebida com um propósito, que pode ser proclamado de diversas maneiras. O propósito da vida é:

- descobrir quem você realmente é;
- crescer e evoluir;
- alcançar estados de consciência mais elevados;
- vivenciar o divino;
- esclarecer-se.

Se você conseguir encontrar a realização em algum desses níveis, você estará alcançando sua visão, e não simplesmente satisfazendo as demandas da existência cotidiana. Uma maior visão fecha a lacuna entre você e o universo. Se a vida em si possuirá um propósito, sua existência se encaixará no plano cósmico. A ameaça de que a existência é sem sentido, que levaria à ansiedade e ao desespero, ou a uma sensação dolorosa de solidão, é eliminada quando você tem certeza do seu lugar na criação.

2. Esse propósito está se desdobrando continuamente, ficando mais rico e mais profundo.
Esse princípio consiste em conectar o presente e o futuro. O propósito da vida não pode ser protelado; a menos que se desdobre

todos os dias, o futuro nunca será nada mais do que a repetição de antigos padrões e comportamentos. Os psicólogos observam que quando a velhice é um tempo de satisfação, de recordar uma vida bem vivida, o motivo é que a pessoa satisfez com sucesso diversos desafios ao longo dos anos. Para aqueles que consideram a velhice vazia ou amarga, o oposto ocorreu: os relacionamentos não deram certo, as carreiras ficaram aquém das expectativas, as famílias se separaram. Em outras palavras, cada dia representa uma consequência a longo prazo.

Ajuda muito saber que você é parte de um plano maior. Antigamente, isso era um dado básico: na era da fé, as pessoas viviam pela glória de Deus ou para alcançar a salvação. Todo dia, você chegava um passo mais perto do seu objetivo. A necessidade de uma visão não desapareceu, mas não é mais um dado básico, exceto para aqueles que conservam a fé religiosa profunda.

Quando o propósito da vida não é um dado básico, o que é? Um processo. Você descobre o objetivo da existência por meio da vivência. O presente é o único tempo em que você pode evoluir, vivenciar o divino, expandir a consciência ou alcançar a iluminação. Mas isso não pode ser uma jornada casual, que vacila e sai do caminho. É fácil isso acontecer quando ocorre uma crise. As perdas e os reveses imprevistos abalam a todos; aqueles que continuam avançando são animados pelo conhecimento de que seu caminho não pode ser destruído, mas só interrompido.

3. Se você se alinhar a seu propósito, isso será suficiente.

Esse princípio trata de esforço e luta. Afirma que, na espiritualidade, nenhum dos dois é necessário. O propósito cósmico se desdobra automaticamente, não porque haja um projeto fixo, mas porque a criatividade e a inteligência estão encravadas na criação. A natureza não está fora de nós; ela se move em nós, em torno de nós e através de nós. Se você se alinhar ao movimento da criação, você vivenciará o fluxo e o sossego. Se você se opuser ao movimento da criação, enfrentará obstáculos e resistências.

Sob vários aspectos, essa é a "hora do aperto" na vida de todos. Se você abordar a espiritualidade como um ideal que seria interessante alcançar, sua lealdade real estará em outro lugar. Para as pessoas regidas pela ambição, nada é mais real do que progredir. Para as pessoas regidas pela ansiedade, nada é mais real que as ameaças que elas tentam manter distantes. Nesse momento, sua vida está expressando onde está sua lealdade. Pode ser uma lealdade à família, ao *status*, ao dinheiro, aos bens, à carreira; tudo é possível. Nenhuma delas é ruim; na realidade, não são não espirituais. O problema é que essas lealdades são superficiais, atuam na superfície da vida, sem o apoio do espírito, de Deus, do universo; escolha qualquer termo com o qual você se sinta à vontade.

Isso significa que a espiritualidade se torna prática apenas quando você transfere sua lealdade para um nível mais profundo. Não é de mais fé que as pessoas precisam, mas sim de mais provas, dia após dia, de que se basear num propósito de vida mais profundo realmente funciona. É onde o processo entra. Você se transfere de um começo frágil, onde espera e deseja que Deus ou o universo o apoiem. Então, você alcança o meio da jornada, onde tem uma forte crença de que é apoiado. Finalmente, você chega ao lugar onde sabe que é apoiado. É capaz de se deslocar da esperança para a crença e, daí, para o conhecimento. É o desdobramento natural de cada vida, e a jornada não leva anos e anos. Todo dia pode trazer a satisfação das esperanças e dos desejos, transformando-se na certeza de que você é visto, entendido e acalentado.

4. À medida que sua vida se desdobra, a consciência se expande sem limites.

Esse princípio revela de onde o apoio virá. Vem da própria consciência. Para a continuidade do processo de desdobramento, ele deve crescer no interior. No lado de fora, a vida traz novos desafios, e o que os torna novos é que velhas respostas não funcionam para solucioná--los. Os enigmas de hoje precisam de respostas de hoje. Esse "para trás e para frente" permite que sua vida ascenda continuamente, pois, no nível mais profundo, você está solicitando que os desafios fiquem mais difíceis: os mistérios maiores trazem revelações maiores.

Na era da fé, Deus demonstrou sua satisfação e insatisfação de diversas maneiras. Cada fiel monitorava se a divindade o estava favorecendo ou não. A doença, a pobreza e a falta de sorte eram sinais de que Deus tinha dado as costas a você. Riquezas, felicidade e dias radiantes indicavam que a luz de Deus brilhava sobre você. No entanto, como a existência de ninguém pode ser esta ou aquela, a divindade parecia volúvel e evasiva. Todos os tipos de teorias tentaram explicar por que a vida trazia uma mistura de prazer e dor, mas uma coisa estava faltando: uma garantia firme de que os seres humanos eram favorecidos no universo.

A espiritualidade é mais ampla do que qualquer religião singular. Enquanto uma fé se agarrava ao pecado e outra ao carma, a sabedoria mais ampla não olhava para Deus ou para qualquer poder externo. Ela olhava para dentro, para a consciência. O fato de que a vida possui respostas encravadas nos dá um indício de por que Jesus enfatizou a vida no presente: "Não vos inquieteis, pois, pelo dia de amanhã; porque o dia de amanhã cuidará de si mesmo. Basta a cada dia o seu mal" (Mateus 6:34). Para que seus ouvintes não ficassem presos à palavra "mal", Jesus tinha outro ensinamento a respeito de como o mal tinha de ser enfrentado, citado em Mateus 6:26: "Olhai para as aves do céu, que não semeiam, nem ceifam, nem ajuntam em celeiros; e vosso Pai celestial as alimenta. Não valeis vós muito mais do que elas?" No budismo, o mesmo ensinamento é dado de modo mais metafísico: cada pergunta responde a si mesma. Assim, ao se ir para dentro, a própria existência de um problema significa que sua solução existe.

5. Com a consciência expandida, os desejos podem ser satisfeitos completamente.

Esse princípio nos revela que a espiritualidade traz mais realização, e não menos. O caminho se desdobra por meio da expansão da vida, que deve acompanhar a expansão da consciência. As duas andam juntas. Você enxerga mais possibilidades; sente menos medo; quando age, as ações têm sucesso, e o sucesso gera mais sucesso. Tudo isso pode soar bastante estranho à crença religiosa tradicional, em que a renúncia e as tentações da carne soam muito mais familiares. O conflito entre a vida material e a vida espiritual foi uma questão básica durante séculos.

Tudo depende de como você enxerga os desejos. Se você enxergá-los como egoístas, errados ou pecaminosos, então também é natural a desaprovação de Deus. O que ocorre não é o castigo gerado pela mão de Deus; em vez disso, você corta os canais da realização. Os desejos que são criticados provocam conflito interior; você quer que eles se realizem, mas, ao mesmo tempo, não quer. Quando as pessoas afirmam "Tenho de combater o impulso", estão expressando esse conflito. A ideia de que Deus, a alma ou o universo geram os conflitos interiores é um erro drástico. O conflito se origina em si mesmo. Enquanto você estiver travando uma guerra com os próprios desejos, todo dia traz a esperança de vencer a guerra e a resignação por perdê-la.

No entanto, se a espiritualidade consistir na realização dos desejos, novos canais se abrirão. Há uma conexão clara entre querer e receber. Compreendo que muitas pessoas objetarão imediatamente: "Mas e os maus desejos? Você está dizendo que não existem?" Todos nós sabemos que os desejos, independentemente de como os rotulamos, funcionam de modo benéfico ou levam a reveses e fracassos. Os termos da moralidade não desaparecem quando você segue os princípios espirituais. Você desenvolve uma percepção mais aguçada do que é bom e do que não é. Bom pode ser definido como estando alinhado a seu propósito espiritual, de modo que suas ações aprimorem a vida. Os desejos são entrelaçados na evolução. Quando isso acontece – e acontece cada vez mais com o desdobramento do processo –, então o desejo se torna o caminho. Isso faz sentido, porque você não é capaz de evoluir sem o querer, e querer é o mesmo que o desejar. O caminho que é mais bem-sucedido na vida é guiado pelo desejo.

6. *Os desafios são solucionados quando você se eleva um nível superior em relação ao desafio.*

Esse princípio nos lembra a respeito do ponto principal deste livro: o nível do problema nunca é o nível da solução. Quando duas partes estão em conflito, elas recorrem a um juiz, pois a imparcialidade e o distanciamento são um nível superior de consciência ao da combatividade e da recusa de arredar pé. Quando uma mulher está lutando contra problemas de imagem corporal, dizer-lhe "Você está bem" ou "Sua aparência não é tão importante" não vai ajudá-la; a solução é que ela encontre maneiras melhores de se sentir valorizada. Quando você se valoriza pela capacidade de amar, identificar-se com o outro e manifestar compaixão, é muito mais difícil ficar obcecada pelo que você vê no espelho.

Espiritualmente, há um nível que é o mais alto de todos. É o nível da transcendência. Ao transcender, você libera ligações pessoais. Não mais preso a antigos hábitos e condicionamentos, você pede para sua consciência superior entrar na situação e achar uma solução. Transcender é mais do que simplesmente não se importar. Em termos práticos, diversos outros passos estão envolvidos: você avalia a problema e reconhece que há mais de uma maneira de considerá-lo. Desiste da pretensão de saber a verdade já. Abre-se a novas possibilidades. Elimina a resistência interior para achar uma resposta; essa resistência pode surgir na forma de raiva, ressentimento, inveja, obstinação ou insegurança. Finalmente, pede para que a resposta se desdobre da maneira que quiser, o que significa estar alerta a mudanças inesperadas; repentinamente, seu adversário mais duro pode concordar com você, ou ressentimentos de longa data podem desaparecer.

O que torna a transcendência viável não é a fé cega. Você está permitindo que uma visão de mundo completa se desdobre através de você. Se você não achar que os princípios anteriores são verdadeiros, o eu superior não será varrido para debaixo de um tapete mágico para resolver seus problemas. No entanto, se você se dedicar ao processo de desenvolvimento pessoal e à expansão da consciência, então, os poderes que antes estavam ocultos ou bloqueados emergirão. Uma citação conhecida de Goethe, o grande escritor alemão, afirma: "Seja audacioso, e forças imensas virão em sua ajuda". A audácia é a capacidade de escapar dos limites criados pelo medo e pela insegurança. Em outras palavras, você transcende as próprias limitações. Nenhum teste de coragem é necessário. Como discutiremos, a solução de problemas por meio da elevação a um nível superior ao do problema é uma das maneiras mais práticas e naturais de alcançar o sucesso em situações difíceis.

7. Sua vida é parte de um destino humano único: chegar à consciência da unidade.

Esse princípio nos fala a respeito da harmonia subjacente da vida. Na superfície, as diferenças predominam. Cada um de nós sente orgulho de ser único e diferente. No entanto, a causa da discórdia pode remontar ao mesmo fator. Se "eles" são diferentes de "nós", temos um motivo automático de nos sentirmos separados deles e talvez até inimigos deles. As guerras e os conflitos violentos que nunca parecem acabar estão enraizados nas diferenças, que levam a um ódio irreconciliável. No entanto, em um nível mais profundo, a espiritualidade sustenta que o conflito de opostos – não só "nós" *versus* "eles", mas também bem *versus* mal, luz *versus* escuridão, meu Deus *versus* seu Deus – pode ser superado.

Encontrar a harmonia que reside em um nível mais profundo que o das diferenças é o objetivo principal da espiritualidade. Não é um projeto passivo, alimentado pela curiosidade. A unidade é o estado mais puro da consciência. Como o eminente físico Erwin Schröndiger afirmou: "A consciência é um singular que não tem plural". Há apenas uma única consciência, que você e eu expressamos com nossas maneiras únicas. Nossas fontes residem dentro de cada um de nós, e o objetivo de todas as vidas, independentemente de quão diferentes pareçam na superfície umas das outras, é alcançar a fonte. Nesse ponto, não há mais divisões, interiores ou exteriores. O estado de unidade foi alcançado.

Entendo que isso pode soar tremendamente exagerado. Se você estiver preocupado com a hipoteca ou em saber com quem sua filha adolescente está saindo ou com a ameaça do terrorismo no mundo, a consciência da unidade parece não ter nenhuma relevância. No entanto, nada pode ser mais relevante, pois toda solução espiritual vem para nós a partir do nível da unidade. As coisas que denominamos inspiradas, penetrantes, criativas, intuitivas ou reveladoras são mensagens da fonte. Nas eras passadas, o vocabulário da religião mantinha o virtual monopólio de como pensar acerca da consciência da unidade; sem Deus, alma ou graça divina, não havia maneira viável de concebê-la. Eis por que este livro tratou de soluções práticas. Tornar o verdadeiro eu relevante para sua vida, aqui e agora, é a única maneira pela qual ele pode despertar. Fora do contexto da religião, toda experiência acontece na consciência. Se houver uma realidade além da mente humana, nunca descobriremos, pois nada é real até ingressar na nossa consciência. Se o divino existir, mas não tiver contato com os seres humanos, não haverá base para a devoção e fé. Ainda que nós não vivamos mais na era da fé, o divino ainda pode ser vivenciado. Encontrar Deus não é o mesmo que encontrar outra pessoa, por mais elevada e imponente que ela seja. Vivenciar o divino é vivenciar todo o domínio da consciência superior, que é infinita. Tudo isso é acessível. Não estou pedindo um salto de fé. Não há necessidade de viajar para algum lugar místico. A única necessidade é abrir-se para uma visão de mundo que começa com o verdadeiro eu como a resposta aos desafios trazidos pela vida. Desde que todos encarem esses desafios, há uma ampla motivação para observar se melhores soluções podem ser encontradas.

Se alguém perguntar "O que é a solução espiritual?", na sua situação específica, a melhor resposta será: "Procure pela unidade, e você saberá". Quando os problemas mais difíceis encontram as respostas certas, há um encontro profundo do Eu com o eu. Este livro foi escrito para possibilitar esse encontro.

A essência

A consciência é projetada para levar a soluções. Tudo que é necessário é deixar que ela se desdobre natural e espontaneamente. O processo não é passivo. Você deve participar no desbloqueio do fluxo próprio da consciência. O bloqueio principal é a "ilusão de realidade", que a captura em limitações. Todos nós acreditamos na nossa ilusão de realidade. Nós nos sentimos desconfortáveis em relação ao infinito e suas possibilidades sem-fim. Ao quebrar a ilusão de realidade, você automaticamente expande a consciência, e a vida tem muito menos probabilidades de se tornar uma luta.

O grande segredo que a ilusão oculta de nós é que estamos sempre conectados com o verdadeiro eu que existe no nível da alma. O verdadeiro eu condiciona a evolução pessoal. Envia mensagens por meio da intuição, do *insight* e da imaginação. Arranja o melhor resultado possível para cada situação. Quanto mais perto você chega do verdadeiro eu, mais você pode se basear completamente na consciência.

AGRADECIMENTOS

Antes de começar a escrever meus próprios livros, costumava consultar os agradecimentos em todos os livros que lia. Tinha curiosidade em relação à rede de conexões que interligavam invisivelmente o livro. Agora, quando meus anos de atividade literária já se acumulam, sinto quanto tais conexões realmente significam.

Assim, em primeiro lugar, meus agradecimentos vão para o pessoal do editorial e da publicidade que transformou este livro de uma possibilidade em uma realidade. Julia Pastore, Tina Constable e Tara Gilbride lideram a lista de modo encantador. Também gostaria de agradecer a Maya Mavjee e a Kira Walton. No dia a dia, tive todo o apoio e a lealdade amorosa de Carolyn, Felicia e Tori. Sempre no segundo plano, mas na frente do meu coração, está minha família. Obrigado a todos.

SOBRE O AUTOR

Deepak Chopra é autor de mais de 60 livros traduzidos para mais de 85 idiomas. Entre esses livros, incluem-se diversos *best-sellers* da lista do *New York Times*, nos gêneros de ficção e não-ficção.

www.deepakchopra.com

SOBRE O AUTOR

Deepak Chopra é autor de mais de 60 livros traduzidos para mais de 85 idiomas. Entre esses livros, incluem-se diversos best-sellers da lista do *New York Times*, nos géneros de ficção e não-ficção.

www.deepakchopra.com

Este livro foi composto em Stempel Garamond Roman
para Texto Editores Ltda. em setembro de 2012